PSICOL... OSC...

Y

MANIPULACIÓN

GASLIGHTING

Métodos Avanzados para Dominar la Psicología Oscura
y Evitar a los Manipuladores de Gaslighting

MELINDA XAVIER

Índice de Contenidos

Introducción

L a psicología oscura y la manipulación con gaslighting son formas comunes de comportamiento utilizadas principalmente para ejercer control sobre las personas. Esta completa guía para principiantes pretende ofrecerte a ti, el lector, una visión en profundidad de este tipo de comportamientos y ayudarte a aprender técnicas sencillas y eficaces para influir en el comportamiento humano, aprender a utilizarlo o reconocerlo cuando te ocurra. Si puedes reconocerlo y hacerlo tú mismo, podrás evitar el abuso que resulta de ello.

El propósito de este libro es dar al lector una visión de la psicología oscura y de los rasgos de manipulación. Entre los diferentes métodos utilizados para controlar a otras personas se encuentran la mentira por omisión, la proyección de la culpa en los demás, la negación, la intimidación encubierta, la vergüenza, la evasión y la invocación de la ira. El propósito es destruir la autoestima de las personas y causar confusión. Una vez que los manipuladores logran este objetivo, pueden establecer la agenda y convertirse en autodenominados líderes del grupo.

Este libro se diferencia de otros similares en el mercado en que es fácil de entender. Los temas de la psicología oscura y la manipulación con gaslighting suelen ser difíciles de entender. Sin embargo, se presentan de una manera sencilla, de tal manera que puedes entenderlos sin buscar ayuda de otras personas con conocimientos en esta área.

Es un gran libro para principiantes porque explica todo lo básico que debes saber sobre este tema de forma sencilla y concisa. Destaca todos los términos y conceptos involucrados en este tema. Explica todos los elementos implicados en la psicología oscura y por qué la gente la utiliza tanto con buenas como con malas intenciones. Si eres un principiante interesado en aprender sobre este tema, este libro es para ti.

En la mayoría de los casos, el deseo de influir en otras personas y controlar su comportamiento está causado por el amor al poder. Proporciona instrucciones prácticas sobre las medidas que puedes tomar para protegerte de alguien que intenta utilizar la psicología oscura y la manipulación para controlarte.

Los manipuladores se preocupan específicamente por ejercer un poder total sobre ciertas personas, pero lo bueno de este libro es que te ayuda a mantenerlos a raya. Cuando leas el libro completo, aprenderás diferentes medidas que puedes tomar para superar el miedo a tratar con la psicología oscura.

También ganarás confianza a la hora de tratar con personas que están obsesionadas con influir o controlar a otros individuos para que les sigan. Y lo que es más importante, te convertirás en el dueño de tu destino una vez que estés equipado con las diferentes estrategias que obtendrás de este libro para protegerte de los manipuladores.

Capítulo 1

¿Qué Es la Persuasión?

La persuasión es una de las habilidades psicológicas más influyentes que puede desarrollar al aprender psicología oscura. Tanto si quieres convertirte en un líder de éxito en el mundo de los negocios o en la sociedad, como si simplemente quieres aprender a dar tu opinión, dominar el arte de la persuasión te abrirá muchas puertas. Viene con habilidades de influencia positiva y muchos otros beneficios - para ti y los que te rodean.

A pesar de la creencia popular, la persuasión no consiste en hacer que la gente haga algo que no quiere o no debería hacer; se trata más bien de ayudarles a darse cuenta de las ventajas de hacer algo que harían de todos modos pero que no estaban seguros de que fuera la decisión correcta. Por supuesto, tu ayuda se basa en convencerles de que vean y estén de acuerdo con tu punto de vista, pero esto sólo ayuda a establecer una línea de comunicación clara. Cuando tienes habilidades de persuasión asertiva, puedes presentar argumentos y hechos convincentes.

El poder de esta habilidad reside en la sutileza de los mensajes. Tanto si se envían de forma verbal como no verbal o a través de los medios de comunicación, los mensajes persuasivos rara vez son manifiestos y a menudo son sólo simbólicos. Entender cómo funciona la persuasión puede ayudarle a ser más consciente de la influencia de estos mensajes, y también le enseñará a utilizar su habilidad con mayor eficacia.

¿Cuándo y Por Qué Se Utiliza la Persuasión?

La persuasión es una habilidad que puede utilizarse para diversos fines. Algunas situaciones en las que los mensajes persuasivos pueden ser útiles son:

- **El marketing:** Los medios de comunicación, los anuncios visuales y los escritos pueden ser alimentados por el poder de la persuasión.

- **Conversión de Clientes Potenciales en Ventas:** Los clientes potenciales son atraídos y persuadidos para que realicen una compra. Luego, también se puede influir en ellos para que sigan siendo clientes fieles.

- **Artículos de Motivación:** Al escribir un artículo motivacional, dar un discurso o crear cualquier otro contenido persuasivo, sus mensajes motivacionales influirán en las personas.

- **Fomentar las Decisiones Académicas Positivas:** Los profesores, los consejeros, los mentores e incluso los padres persuaden a los estudiantes para que se comprometan con el aprendizaje hacia mejores opciones profesionales en el futuro.

- **Campañas de Concienciación:** La sostenibilidad, la diversidad y la concienciación sobre la salud son algunas de las áreas comunes que utilizan técnicas de persuasión para concienciar a un público amplio. Cualquiera que sea el método que utilice un persuasor para transmitir su punto de vista, siempre promoverá ideas que se alineen con sus valores, y con las que quiere que otros se alineen.

- **Motivación de los Empleados:** Los jefes de equipo y los empresarios persuaden a sus equipos para que trabajen con eficacia motivándolos con la promesa de una recompensa.

- **Tratos y Negociaciones:** Los empresarios suelen utilizar la persuasión para cimentar acuerdos comerciales lucrativos y salvaguardar su capital y sus intereses.

Dado que la persuasión es una habilidad que puede desarrollarse y perfeccionarse, puede utilizarse para muchos más fines que los descritos anteriormente. Siempre que puedas evaluar las necesidades de tu audiencia, establecer la comunicación, conocer las ventajas que se pueden obtener, ver cómo contrarrestar las objeciones y encontrar un terreno común, podrás enviar un mensaje persuasivo.

Cómo Se Hace la Persuasión

La persuasión puede lograrse de numerosas maneras, pero la mayoría de las técnicas se basan en unos pocos principios fundamentales. El uso adecuado de estos principios puede hacer que cualquier mensaje sea más persuasivo, influyente y, lo que es más importante, exitoso. Dependiendo del resultado que desee, puede aplicar estos principios por separado o combinarlos.

Reciprocidad

La mayoría de las personas están más dispuestas a hacer algo por otra persona si saben que pueden esperar una retribución. Por ejemplo, los vendedores online suelen pedir a la gente que facilite su dirección de correo electrónico para recibir futuras notificaciones sobre sus productos y servicios. También ofrecen el envío de cupones o descuentos en productos, lo que convence a los posibles compradores para que faciliten su dirección de correo electrónico de buen grado. Del mismo modo, si quieres pedir un favor a un amigo, prometerle o hacerle un favor similar puede facilitar la persuasión.

Miedo a Perderse

Se puede persuadir a las personas para que cambien sus pensamientos y comportamientos fácilmente si se les convence de que, si no lo hacen, podrían perderse algo importante. Insinuar que la gente perderá el acceso a un producto o servicio que sólo está disponible durante un periodo limitado o presentar pruebas de escasez son algunas de las técnicas utilizadas para aplicar este principio. El ejemplo perfecto de esto es la reserva de viajes y alojamiento en línea: siempre quedan pocas habitaciones en el hotel que se está considerando.

El Atractivo de la Autoridad

Si alguien cree que usted es un experto en el tema del que habla, es más probable que su mensaje le convenza. Por eso las figuras de autoridad, como los científicos, los médicos, los políticos y los miembros de las fuerzas del orden, gozan de gran estima en la sociedad. Este fenómeno va de la mano de la conformidad: cuanto más importante es alguien, más probable es que la gente cumpla sus deseos. Sin embargo, si puedes parecer autoritario y proyectar un aire de experto, podrás persuadir a la gente para que haga tu voluntad o cambie de opinión a tu manera de pensar.

Coherencia y Compromiso

Una vez que alguien toma una decisión sobre su comportamiento, continúa con ella hasta que se le convenza de lo contrario. El compromiso crea consistencia, que es difícil de cambiar. Para ello, debes hacer que la gente se comprometa con lo que quieres que haga. Por ejemplo, si quieres pedirle a un amigo que empiece a hacer ejercicio contigo, tendrás que persuadirle para que se comprometa. Pídeles que te llamen si tienen que faltar a una sesión por cualquier motivo. De este modo, se comprometerán y se unirán a ti de forma constante en tus sesiones de ejercicio.

La Necesidad de la Prueba Social

La gente suele tomar decisiones en la vida basándose en lo que hacen sus familiares, amigos o compañeros. Es natural pensar que si todos los que nos rodean optan por expresar el mismo comportamiento, entonces debe ser el más seguro. Compramos cosas similares o idénticas a las que hacen nuestros amigos, apoyamos las mismas creencias y estamos de acuerdo con los mismos mensajes persuasivos que nuestros amigos. Para persuadir a una persona, tendrá que influir en todas las demás que la rodean. Una vez que vean que todos los demás adoptan tu punto de vista, también te seguirán.

Gustos y Disgustos

Es más probable que la gente esté de acuerdo con los argumentos de alguien si le cae bien o, al menos, le conoce lo suficiente como para decidir si le puede caer bien. Por otro lado, si no conocen o no les gusta la persona, no les interesará su mensaje. Esta es una versión más profunda del principio de la prueba social, ya que no todas las decisiones pueden tomarse simplemente observando a los demás a su alrededor. Para tomar algunas de las decisiones más importantes de tu vida, necesitarás la influencia de una persona con la que tengas una buena relación.

Lo que Necesitas para Convertirte en un Mejor Persuasor

He aquí algunas habilidades que pueden ayudarte a mejorar tu capacidad de persuasión:

Habilidades Interpersonales

Las habilidades interpersonales te ayudan a sentirte más seguro y cómodo cuando interactúas con los demás. Unas buenas habilidades interpersonales facilitan el inicio de una conversación y el establecimiento de una conexión con el interlocutor. Ambas son habilidades necesarias si quieres convencer a alguien de que esté de acuerdo con tu punto de vista. Para mejorar esta habilidad, observa cómo interactúan otras personas en un entorno similar. Tanto si se trata de un lugar de trabajo como de un entorno social, siempre hay reglas no escritas que hay que seguir si se quiere interactuar con la gente. Después de anotar las cualidades que facilitan las interacciones de otras personas, puedes pensar en cómo mejorar las tuyas. También puedes practicar las habilidades en las que quieres mejorar relacionándote con personas a las que ya conoces, ya que interactuar con ellas será más fácil y te permitirá profundizar en tus habilidades interpersonales.

Estilo de Comunicación

Un buen estilo de comunicación contribuye en gran medida a elaborar argumentos persuasivos. Para conseguirlo, practica la exposición de tus ideas utilizando un lenguaje que todos entiendan. Utiliza palabras sencillas y sé lo más conciso posible. Recuerda que la gente suele tener una capacidad de atención corta y sólo se concentrará en tu mensaje durante un breve periodo de tiempo. La comunicación también incluye los gestos, el tono de voz, el lenguaje corporal y las expresiones faciales al hablar con la gente. Es importante que todas estas pistas no verbales estén en consonancia con los argumentos persuasivos que estás tratando de exponer en el menor tiempo posible.

Razonamiento Deductivo

Las habilidades de razonamiento deductivo son una gran herramienta para hacer que tus mensajes sean más persuasivos. Analiza la situación que rodea a tus argumentos. Piensa en qué solución le parecería más lógica a un oyente, y sólo entonces ofrece una visión. Para parecer más informado y creíble, también puedes investigar el tema antes de empezar a argumentar. De este modo, recopilarás todos los datos críticos necesarios para ofrecer un punto de vista persuasivo. Participar en actividades creativas y en otros comportamientos de resolución de problemas también puede reforzar tu capacidad de pensamiento lógico.

Inteligencia Emocional

La inteligencia emocional se refiere al grado de conciencia que tienes sobre tus propios sentimientos y los de los demás. Las personas emocionalmente inteligentes pueden relacionarse fácilmente con los demás, interpretar sus sentimientos y establecer confianza. Todo esto hace que el envío de mensajes persuasivos sea más personal y eficaz. Esta es otra habilidad que puede desarrollar observando cómo interactúan los demás con usted. Las emociones suelen expresarse en forma de señales no verbales, como el lenguaje corporal. Por ejemplo, se puede saber fácilmente si alguien está participando en una conversación basándose únicamente en su lenguaje corporal. Si alguien se cruza de brazos, se vuelve ligeramente hacia otro lado y sigue mirando a su alrededor durante una conversación, probablemente no esté interesado en conversar con usted. Esto puede deberse a tu propia postura corporal o al tono de voz, y modificarlo puede ayudarte a alinearte con sus emociones. O puede que tengas que cambiar el tema a algo con lo que la persona con la que hablas se sienta más cómoda. Intentar comprender cómo se sienten los interlocutores te acercará a persuadirlos.

Técnicas de Negociación

Aprender a negociar es una buena manera de asegurarte de que llegarás a un acuerdo cada vez que intentes persuadir a la gente para que acepte tu opinión. Las habilidades y estrategias de negociación pueden utilizarse en todo tipo de conversaciones. Puedes utilizarlas para identificar los valores, las necesidades y los deseos de otras personas y decirles cómo pueden beneficiarse de estar de acuerdo con tu punto de vista. Saber todo esto puede ayudarte a desarrollar argumentos más persuasivos, de modo que la promesa de acuerdo suene más atractiva. También es útil que estés dispuesto a ofrecer una solución alternativa en caso de que la gente no esté de acuerdo con la primera oferta de acuerdo.

Habilidades de Escucha Activa

Escuchar activamente lo que te dicen los demás en la conversación también te ayudará a desarrollar argumentos persuasivos. Siempre podrás encontrar algún punto en común con alguien si escuchas atentamente. Después, basta con incorporarlo a tu diálogo y ya empezarás a ganarte su confianza. Les resultará más atractivo escuchar tus motivaciones y valores. Permitir que la otra parte comparta su punto de vista sin interrupciones también contribuye en gran medida a establecer una comunicación eficaz. Te permitirá entender lo que motiva a tu interlocutor, demostrarle que respetas su opinión o, simplemente, hacer que se sienta escuchado. Asegúrate de incluir también gestos no verbales, como asentir con la cabeza.

Los Efectos de la Persuasión

Los efectos de la persuasión dependen de las creencias que las personas se forman a partir de los argumentos persuasivos que escuchan. También es importante cómo se sienten respecto al mensaje, porque las emociones también se racionalizan en ideas y creencias. Estos son algunos de los efectos más comunes que tiene la persuasión en un oyente.

Cambia el Estado de Ánimo al Distraer

Los mensajes persuasivos distraen a las personas de sus propios pensamientos, creencias y comportamientos. Cuando esto ocurre, su estado de ánimo empezará a afectar a su actitud, lo que te permitirá cambiarla para que te favorezca. La persona a la que estás influyendo puede darse cuenta de que su estado de ánimo ha cambiado, pero no verá cómo este cambio es relevante para su decisión. Sin la persuasión, una persona siempre podrá considerar su estado de ánimo y su relevancia para su comportamiento. O bien, no dará importancia a sus sentimientos, no permitiendo que éstos moldeen su actitud.

Afecta a la Motivación

Que alguien pueda ser persuadido depende de su motivación para defenderse y de su capacidad para ser preciso. A nadie le gusta que sus ideas sean rebatidas con lo que percibe como argumentos sin sentido. Sin embargo, cuando se les persuade con mensajes lógicos, pueden ver que sus creencias no son exactas. Al presentar información precisa, estás dando al oyente la motivación para cambiar su opinión, lo que le lleva a aceptar tu punto de vista.

Distingue Claramente las Actitudes

La gente siempre desarrollará una actitud sobre las cosas y situaciones que experimenta en su vida. Amarán u odiarán tu opinión, y de ti depende presentarla de forma que la acepten. Las técnicas de persuasión le ayudan a observar la actitud de las personas hacia conceptos similares, lo que le permite hacerse una idea clara de su actitud general. Las personas con una disposición generalmente positiva hacia los temas que estás discutiendo con ellas estarán más de acuerdo con tu punto de vista. Los que tienen una actitud negativa hacia esos temas se resistirán a la persuasión, y es posible que tengas que cambiar de táctica o tratar de influir en otra persona.

Abra la Mente

Aunque te gusta debatir tus creencias, escuchar nuevos puntos de vista suele despertar la curiosidad de la gente. Enfrentarse a argumentos persuasivos les abre un mundo de nuevas posibilidades, lo que en última instancia les lleva a cambiar sus opiniones y actitudes. Curiosamente, cuanto más a la defensiva esté una persona sobre sus ideas, más probable es que tenga una mente abierta sobre las ideas de otras personas.

Permite a las Personas Expresar Tus Conocimientos

El impacto de la persuasión depende de los conocimientos que tengan los oyentes sobre el tema que se discute. Cuanto más conozcan el tema, más probable será que quieran expresarlo. La persuasión eficaz enseña a escuchar primero y a hablar después, dando tiempo a evaluar las opiniones antes de expresar las propias. Cuando usted aparece en último lugar en la discusión, los demás ya han expresado sus conocimientos, lo que les hace confiar en que han sido escuchados. Aunque rebatas su opinión con argumentos lógicos, sabrán que valoras su impacto y lo recordarán para futuras conversaciones.

Deja una Fuerte Impresión

La impresión personal que la gente tiene de ti tiene un poderoso impacto en tu capacidad de persuasión. Cuando consigas influirles positivamente una vez, la gente se formará una impresión favorable de ti. Esto le permitirá enviar más mensajes persuasivos en el futuro. Si no lograste dejar una impresión, probablemente no tuviste éxito en persuadirlos para que se alinearan con tus ideas y valores desde el principio. La gente siempre recuerda más la fuente que el argumento. La persuasión puede hacer que parezcas carismático y con conocimientos, y la gente te recordará.

Ayuda a Decidir la Naturaleza de la Experiencia

A menudo, las personas no están seguras de si su experiencia fue física o mental, lo que significa que probablemente no pueden decidir cómo actuar ante ella. Para distinguir entre las dos experiencias diferentes, la gente recurre a otras personas que tuvieron la misma experiencia para que la validen. Incluso pueden pedir la opinión de otras personas sin experiencias similares (amigos cercanos y familiares). En cualquier caso, si alguien te pide tu opinión sobre su experiencia, puedes convencerle de que vea la situación como tú la has percibido. Tanto si lo consideras una experiencia física como mental, los argumentos persuasivos ayudarán a los demás a decidir también.

Los Beneficios de la Persuasión y las Habilidades de Influencia Positiva

A pesar de todos los conceptos erróneos que la rodean, la persuasión tiene varias ventajas. He aquí algunas de las más comunes.

Mejora la Expresión Personal

Desarrollar una sólida capacidad de persuasión puede ayudarte a expresarte mejor. Como los argumentos lógicos se basan en hechos, es más probable que otras personas estén de acuerdo con ellos. El hecho de que tu mensaje sea validado de este modo reforzará tu autoestima. Aunque empieces exponiendo tu opinión, subrayarla con pruebas válidas de haber estudiado el tema te dará más autoridad. La persuasión te ayuda a hacer oír tus pensamientos utilizando hechos para demostrar que las opiniones de los demás son erróneas. Cuanto más practiques esto, más confianza tendrás para expresar tus creencias e ideas.

Hace que Seas Más Considerado

La clave de la persuasión eficaz es simplemente ser honesto. Como ya hemos dicho, un persuasor nunca intentará manipular a su oyente para que acepte su opinión. En su lugar, proporcionará hechos que apoyen su argumento. Cuando el oyente aplique estos hechos a sus propios procesos de pensamiento, se sentirá persuadido de estar de acuerdo. Esto significa que para ser persuasivo, también hay que ser considerado. Aprender a influir en los demás te enseñará a tener siempre en cuenta las ideas y los sentimientos de los demás, por muy diferentes que sean de los tuyos. También intentarás no presentar información falsa porque, si se descubre, genera desconfianza y puede herir los sentimientos de los demás.

Fortalece las Relaciones

La comunicación en las relaciones requiere mucho esfuerzo. A través de la persuasión, puedes ser más hábil en la comunicación, lo que, a su vez, también mejorará la dinámica de tus relaciones. En la mayoría de los casos, llegarás a los oyentes con hechos y lógica. Ellos analizarán los hechos por su cuenta y verán que tus argumentos son válidos, lo que llevará a un entendimiento mutuo de larga duración en la relación. O puede suponer que los demás escuchan su mensaje sólo a nivel emocional. En este caso, no analizarán la situación. Tendrás que demostrarles que ya lo has hecho y lo que tu análisis ha descubierto. Una vez más, en cuanto vean que tienes razón, la comprensión llegará y las relaciones perdurarán.

Ayuda a Superar la Resistencia

Los hábitos desempeñan un papel crucial en la eficacia de la persuasión. La resistencia a cambiar un hábito es uno de los factores más desafiantes que se oponen a los argumentos persuasivos. Una persuasión eficaz debe hacer que los demás se sientan cómodos con el cambio de hábito de escuchar sus propias ideas. Como ha visto en este capítulo, uno de los sentimientos de la persuasión se basa en la empatía. Si muestras a una persona que empatizas con su dificultad para romper un hábito, vencerás su resistencia y se dejará persuadir.

Capítulo 2

Métodos de Persuasión

A hora que ha aprendido lo que es la persuasión y lo que hace que funcione, puede profundizar en las técnicas de persuasión específicas que puede utilizar para transmitir su punto de vista. En este capítulo se analizan varias estrategias útiles para llevar sus habilidades de persuasión al siguiente nivel. Desde los métodos más exitosos utilizados por los medios de comunicación hasta enfoques más sencillos, incluso los principiantes pueden sacar provecho: todos pueden encontrar una estrategia que se ajuste a lo que quieren conseguir.

Uso de la Fuerza

Aunque la persuasión consiste en utilizar el poder de la mente, más que el físico, para convencer a alguien, esto no significa que se pueda "poner el pie en la puerta". De hecho, se trata de un enfoque común, a menudo recomendado a los principiantes por lo fácil que es ponerlo en práctica. Empieza por conseguir que alguien esté de acuerdo con un punto menor. Cuando lo hace, se le pide que acepte algo más grande, normalmente una idea contra la que tiene fuertes sentimientos. Al conseguir que la gente acepte la petición inicial, les obligas a dejar de lado sus creencias, lo que hace más probable que cumplan con la segunda petición. Los profesionales del marketing utilizan este método para animar a los clientes a comprar productos y servicios que pueden probar antes de adquirirlos. También se puede utilizar para conseguir que los amigos accedan a un pequeño favor y, una vez que lo hagan, seguir con un favor más importante. No verán ningún sentido en negarse a ti, ya que han accedido a hacer algo de antemano, así que podrían cumplir con la segunda petición. De hecho, puede que incluso se sientan obligados a acceder a la segunda petición.

Creación de una Necesidad

La creación de una necesidad es otra poderosa herramienta utilizada en la persuasión. Este método se basa en establecer una necesidad de aspectos básicos y sociales de la vida, como la vivienda, la autoestima, el amor y el autoempoderamiento. También puede apelar al deseo de las personas de ser más populares y distintivas que otras o, por el contrario, de parecerse más a alguien. Dado que la mayoría de estas necesidades ya existen, sacarlas a la luz es una forma sencilla de garantizar que reciban atención. Una vez que el deseo está ahí, todo lo que tiene que hacer el persuasor es apelar a él. Algunas de las formas en las que se puede practicar este método incluyen la venta de artículos que prometen convertirle en una persona muy respetada o admirada. También puedes buscar una necesidad que ya esté presente en la mente de la gente y apelar a ella. Nada te ayuda más a convencer a tus amigos de que te ayuden que felicitarles por sus logros. Eso les hace felices y les hace sentirse realizados, y te abre las puertas a ti.

Uso de Ilustraciones y Palabras

El uso de palabras e imágenes cargadas es también una técnica persuasiva común. Suele ir de la mano de la apelación a las necesidades de la gente. Las imágenes y palabras que se utilizan en esta técnica están diseñadas para apelar a los deseos de la gente. Por ejemplo, si quieres convencer a alguien de que empiece a utilizar productos ecológicos, utilizarás palabras como "totalmente natural". También puedes mostrar investigaciones e imágenes que ilustren los beneficios del producto. "Nuevo y mejorado" es otra frase que suele utilizarse para dar más importancia a un artículo, evento o situación. En este caso, las palabras se subrayan con imágenes de alta resolución tomadas con luz brillante y otros efectos especiales, mostrando la "novedad" del artículo.

Trucos Mediáticos y Publicitarios

Aunque las técnicas de persuasión anteriores también pueden aplicarse en el marketing, las agencias de publicidad y medios de comunicación tienen muchos más trucos bajo la manga. He aquí algunos de los más comunes.

La Regla de la Cúspide

Desarrollada por un psicólogo ganador del premio Nobel en la década de 1930, la regla del pico final es una de las herramientas de marketing más antiguas que se basan en la persuasión. Según esta regla, si tienes un pico al final de tu experiencia, te irás con una actitud más positiva. A diferencia de no tener un pico, pero posiblemente un mal momento, y lo más probable es que acabe decepcionado y deseando no volver a repetir la experiencia. El principio de este enfoque es que para convencer a alguien de que adopte tu actitud, debes asegurarte de que tenga una buena experiencia en el pico. Probablemente olvidarán el resto de la experiencia, pero recordarán el final, que fue aparentemente beneficioso para ellos. Por eso las campañas de marketing siempre culminan con una experiencia tumultuosa al final, que promete la recompensa definitiva para los clientes dispuestos a seguir toda la campaña. También garantiza que la mayoría de los clientes decidan seguir cualquier anuncio posterior, con la esperanza de obtener otro pico significativo.

El Efecto Barnum

El efecto Barnum se refiere a la tendencia de la gente a aceptar descripciones vagas de una persona, aunque esta descripción pueda aplicarse a casi todas las personas del planeta. Como esto también se traduce en afirmaciones sobre objetos y situaciones, los profesionales del marketing lo utilizan para presentar productos y servicios al público objetivo. Cuanto más generalizados son los mensajes, más permiten a las agencias de marketing encontrar audiencias más amplias. Pueden conectar inmediatamente con cualquier individuo de un grupo grande. Es más probable que los individuos escuchen si creen que el mensaje les concierne y pueden identificarse con la persona que presenta el producto o servicio. Una vez creada esta creencia, el persuasor puede proceder a enviar mensajes aún más persuasivos. Por supuesto, cuanto más honestas sean las declaraciones, más fácil será enganchar a la gente.

Presentar el Miedo y el Alivio

Las campañas políticas suelen basarse en la teoría del miedo y el alivio. Los candidatos crean miedo sobre algo al principio de su campaña, para ofrecer alivio inmediatamente después. Su intención es asustar a los votantes para que piensen que la única manera de evitar una catástrofe es elegirles a ellos, mientras que votar a la oposición puede hacer que la situación sea aún peor. Las campañas que crean miedo en torno a los problemas de salud y las revisiones también utilizan un enfoque similar.

Ofrecer Incentivos

El uso de incentivos como descuentos, cupones, paquetes y otros regalos es una forma popular de atraer visitantes a un sitio web. Muchos sitios web que venden productos o servicios utilizan este método, persuadiendo a sus visitantes para que realicen una compra y vuelvan a por más. Estos incentivos influyen inconscientemente en el comportamiento de los visitantes del sitio web, que deciden la compra en función de lo atractiva que sea la oferta. Aparte del ahorro y los descuentos, otros incentivos pueden ser el reembolso de dinero en efectivo, el envío y la entrega gratuitos, una oferta de "compre uno y llévese otro gratis", etc. Otras empresas pueden ofrecer incentivos ligeramente diferentes, como un honor, la posibilidad de mostrar algo a los demás o la oportunidad de ayudar a otros necesitados.

Uso de Señuelos

Utilizar un artículo caro o poco atractivo como señuelo puede influir mucho en la capacidad de decisión de los compradores. Los artículos caros siempre tardan en venderse en cualquier grupo de productos, sobre todo porque a la gente le encanta ahorrar dinero. Por eso, si ven un artículo ofrecido a 3 dólares y otro de la misma categoría a 7 dólares -sin mucha diferencia de calidad-, probablemente se decantarán por la opción más barata. Sin embargo, estos productos caros o poco atractivos pueden seguir sirviendo de señuelo si se añade un tercer artículo de la misma categoría. Si este artículo cuesta 6 dólares, es más que probable que la gente lo compre porque lo ve como un buen compromiso. No tendrán que comprar el producto más barato y arriesgarse a una baja calidad, pero tampoco sentirán que tienen que derrochar. En realidad, siguen comprando la opción más cara, pero debido al efecto señuelo, se distraen de este hecho y seguirán estando dispuestos a comprarla. Y no sólo eso, sino que, como están tan contentos de ahorrar en este artículo concreto, puede que también decidan añadir un artículo más a su cesta.

Utilización de Técnicas de Juego

Las técnicas de juego, o la gamificación del mercado, es un método relativamente nuevo, que surgió con la popularidad de los videojuegos. Aunque utilizar la mentalidad del juego en un entorno no lúdico puede sonar extraño, en realidad es uno de los métodos de persuasión más impactantes. Los profesionales del marketing se basan en la misma mentalidad que utilizan los juegos durante sus sesiones: persuadir a los compradores potenciales con elementos de juego. La motivación añadida enriquece la experiencia del usuario. Resulta tentador y mentalmente atrapante, atrayendo a los compradores hacia sus productos, tal como hacen los juegos con los jugadores empedernidos. La gamificación de la experiencia del usuario permite a los responsables de marketing hacer que los usuarios experimenten un viaje único e incluso darles un logro al final. Estimula el impulso de alcanzar el objetivo final, la motivación más intrínseca que tienen los jugadores y los no jugadores. Esta técnica permite que el comprador establezca los objetivos que quiere alcanzar al final de la experiencia de compra o elige el objetivo por ellos. En cualquier caso, la empresa que vende los productos o servicios también consigue su objetivo.

Otras Técnicas de Persuasión

Aparte del marketing, las técnicas de persuasión pueden utilizarse para influir en las personas en otros sectores de la vida. A continuación, verás una selección de estrategias que puedes aplicar para una amplia gama de propósitos, independientemente de tu nivel de experiencia en persuasión.

Apelar a una Razón

Los mensajes más influyentes se basan siempre en razones válidas. Aprender a utilizar una lógica sólida es otra de las principales técnicas de persuasión recomendadas para los principiantes. La mayoría de las personas responden bien a los mensajes persuasivos cuando se les presenta una razón válida de por qué su idea es mejor. Una vez que entienda cómo apelar a la capacidad de pensamiento crítico de los demás, evitando al mismo tiempo las falsedades y la manipulación, será capaz de persuadirles para que hagan pequeñas tareas por usted.

Apelar a una Emoción

Por desgracia, no todas las personas responden bien a una razón, ya que no les gusta reflexionar sobre el porqué de las cosas. En cambio, confían en emociones como la compasión, la esperanza, la felicidad, el miedo y la tristeza para guiarse por la vida. Necesitarás algo más que una simple aplicación de argumentos tradicionales para persuadirlos. La elaboración de mensajes apropiados que apelen a las emociones y los sentidos de las personas es otro requisito para desarrollar habilidades de persuasión muy eficaces. También puede combinar enfoques y aumentar las probabilidades de persuadir a quienes le rodean.

Apelar al Carácter del Orador

Los mensajes ofrecidos por un orador en el que los oyentes confían siempre serán más persuasivos. Aunque esto también es cierto para la palabra escrita, la palabra hablada tiene aún más peso a los ojos de la audiencia. Si los oyentes saben que el orador está bien informado sobre el tema, verán el carácter del orador como más atractivo y estarán más dispuestos a creer cualquier cosa que diga. Por tanto, la persuasión del orador será más eficaz. Hay que tener en cuenta que esto sólo funciona si el persuasor está bien informado. De lo contrario, todo el plan fracasará en cuanto alguien del público lo examine críticamente.

Aunque los oradores deben indicar al público que están bien informados y son apasionados del tema desde el principio, este esfuerzo merecerá la pena con creces. Cuando se trata de crear carácter, la transmisión del mensaje es tan importante como el contenido. Además de indicar su experiencia, los persuasores deben mantener la confianza en sí mismos mientras conversan con los demás. Cuando llegue el momento de hablar, el persuasor debe estar preparado para transmitir el mensaje con fluidez. Los tropiezos con las palabras, el uso de influencias verbales y las palabras de relleno destruyen la credibilidad y deben evitarse al pronunciar un discurso.

El Enfoque de la Confianza

Mientras que algunas personas son persuasivas por naturaleza, a otras les resulta más difícil convencer a los demás de su punto de vista. Trabajar la confianza en uno mismo hará que sea más fácil dirigir una conversación en la dirección deseada. En cuanto empiece a expresarse con más confianza, sus mensajes serán más concisos y fiables. Los oradores más persuasivos siempre preparan lo que quieren decir y lo repiten en su mente antes de decirlo en voz alta. De este modo, pueden tener más confianza para parecer seguros de sí mismos, por muy complicada que sea la conversación.

El Método "Framing

El método del "framing" no es otra cosa que transmitir cuidadosamente la información de una manera que determina cómo interpretan los oyentes su mensaje. La misma información puede explicarse de varias maneras, de modo que suene diferente aunque se esté describiendo exactamente lo mismo en ambos casos. Puede sonar positivo, negativo o en algún punto intermedio, según la descripción que se decida utilizar. Esta es otra técnica popular utilizada en las campañas políticas, especialmente cuando se debate con los oponentes. Los políticos utilizan el framing para conseguir que su audiencia adopte su punto de vista utilizando estos elementos fundamentales:

- **El Enfoque Correcto:** Construir cuidadosamente el argumento en torno a hechos positivos es mucho más eficaz que el uso de argumentos negativos y te ayudará a persuadir a los demás.

- **La Redacción Adecuada:** La elección de las palabras es igualmente importante si quieres explicar tu punto de vista. No sólo tienes que ser fluido, sino que cuanto más exactamente describas la situación, más informado parecerás.

- **La Colocación Correcta:** Tendrás que aprender el momento y el lugar adecuados para hablar con las personas correctas sobre los temas adecuados. Tendrá muchas más posibilidades de comunicar su punto de vista si las personas con las que habla están realmente interesadas en lo que tiene que decir.

Incluirse en la Imagen

Cuando exponga los beneficios de aceptar su punto de vista, no diga sólo "usted - la gente/el público" disfrutará de los beneficios de los que habla. Utiliza la palabra "nosotros" para asegurarte de que tu opinión es relevante e inclusiva para todos, incluido tú mismo. Esto da la impresión de que te preocupas por lo que beneficia a todos y no sólo por tus propios intereses. También hace que las personas que te rodean sientan que pertenecen a una comunidad o a un equipo, lo cual es mucho más atractivo que trabajar solo.

Explicar los Beneficios

Explicar los beneficios de aceptar tu punto de vista es otra gran manera de influir en la gente. Se trata de subrayar cómo el oyente puede beneficiarse específicamente de su enfoque sobre cualquier tema. Al igual que los vendedores utilizan incentivos para conseguir que la gente compre productos y servicios, tú también puedes convencer a la gente de que se alinee con tus valores. No tienes que ofrecer incentivos como las grandes empresas, pero no está de más hacerlo de forma personal. Por ejemplo, si prometes un favor a cambio del suyo, asegúrate de que el favor que prometes les beneficie personalmente. Se sentirán apreciados y serán mucho más fáciles de persuadir.

Hacer Hincapié en la Libertad de Elección

Decir a los clientes potenciales que son libres de elegir entre comprar o rechazar un producto o servicio aumenta el número de ventas. Simplemente dándoles la libertad de elegir, puede persuadir fácilmente a sus oyentes para que acepten sus opiniones. A la gente le gusta pensar que está eligiendo apoyar una causa, lo que significa que es una de las estrategias más sencillas que puede emplear la psicología oscura. Sólo tienes que recordarles que la decisión es suya y, en la mayoría de los casos, pronto acabarán dándote la razón.

El Enfoque "Está Funcionando para Otros

En la mayoría de los casos, también puedes persuadir fácilmente a alguien simplemente diciendo que aceptar tu opinión ha funcionado para otros. En cuanto mencione que otros han adoptado su punto de vista, su audiencia empezará a pensar que debe haber algo de razón y considerará emplear el enfoque ellos mismos. Esta técnica se utiliza a menudo en sectores en los que tener un producto o servicio utilizado por muchas personas es una ventaja.

Limita Tu Disponibilidad

Al igual que los vendedores restringen la capacidad de sus ventas, descuentos y productos para crear escasez, también puedes limitar tu disponibilidad a las consultas sobre tu opinión. Insinúe que tiene una información interesante, pero no revele demasiado. Esto hará que parezca que la información que tienes que dar es exclusiva, despertando la curiosidad de la gente. Una información atractiva como ésta siempre llegará a los interesados, y las personas que se enteren de lo que es estarán más dispuestas a estar de acuerdo contigo.

Utilizar Datos y Pruebas

También debe reunir datos y otras pruebas tangibles que respalden sus creencias. Esto ha cobrado especial importancia en los últimos años, cuando el número de estudios académicos, artículos sobre buenas prácticas del sector y encuestas que se pueden encontrar en Internet ha experimentado un crecimiento exponencial. Presentar cualquiera de ellos dará más peso a su mensaje. Si está introduciendo un nuevo concepto a un determinado grupo objetivo, también puede recopilar datos sobre la aplicación con éxito de este concepto por parte de otros grupos.

Crear un Punto de Anclaje

Crear un punto de anclaje en la persuasión se refiere a sembrar un sesgo cognitivo sutil que le ayudará a influir en las decisiones del oyente. Le permitirá negociar mejores tratos, ya sea que lo utilice en su lugar de trabajo o al comprar artículos de gran valor en una tienda. Cuando una persona intenta tomar una decisión, siempre llega a un punto de anclaje. Este punto es la primera oportunidad que tiene de tomar una decisión y le servirá de trampolín para los siguientes procesos de toma de decisiones. Esto funciona con especial eficacia cuando se trata de negociar los números para que sean más favorables para usted. Al sugerir una cifra en primer lugar, estás creando un punto de anclaje, que permite que las negociaciones vayan a tu favor. Y si no puedes llegar a un acuerdo sobre la cifra, lo más probable es que la otra parte vuelva al punto de partida y lo acepte.

Utilizar el Lenguaje Corporal

A veces, el uso del lenguaje corporal le ayudará a persuadir a la gente más que cualquier discurso elocuente. He aquí algunas formas de influir en la gente utilizando únicamente el lenguaje corporal:

- **Jugar con las Cejas:** Levantar las cejas de vez en cuando indica una disposición amistosa.

- **Sonreír con Naturalidad:** Te hace parecer accesible, y la gente se sentirá atraída por ti sin importar lo que tengas que decir.

- **Mantener los Brazos en Posición Abierta:** Esta posición indica que te sientes cómodo con las personas que te rodean y que no te importa que se acerquen a ti.

- **Llevar Colores Complementarios:** Esto te ayudará a destacar, en el buen sentido. Estar bien arreglado te hace parecer más atractivo y amigable.

- **Mostrar las Palmas de las Manos:** Hacer gestos con las manos mientras abres las palmas hacia arriba es una buena manera de añadir algo a tu historia.

- **Un Cuello Visible:** Dejar el cuello al descubierto demuestra que no eres amenazante y que es fácil acercarse a ti.

Capítulo 3

¿Qué Es el Control Mental?

Después de la persuasión, la segunda herramienta más utilizada en la psicología oscura es el control mental. ¿Pero qué es exactamente el control mental? Este término abarca todas las acciones realizadas para cambiar los patrones de pensamiento, las emociones y las acciones resultantes de alguien. En cierto sentido, es muy similar a la persuasión, excepto que requiere un poco más de esfuerzo y tiempo para lograrlo. La persuasión es un método sutil, mientras que el control mental puede consumirlo todo, apoderándose de la vida entera del objetivo. Por ejemplo, la persuasión hará que una persona piense en comprar un artículo, pero pasará tiempo considerando todas sus opciones. Con el control mental, sin embargo, no podrá pensar en nada más que en comprar el artículo lo antes posible. Otra diferencia entre ambas técnicas es que, mientras que la persuasión es una herramienta psicológica ampliamente aceptada, el control mental suele considerarse un método oscuro sin más intención que la de hacer daño a alguien.

El control mental no consiste simplemente en hacer que la gente haga algo porque tú quieres que lo haga. Requiere un pensamiento crítico, calcular los movimientos de la otra persona y reaccionar a ellos con tu propia estrategia. Poco a poco, tienes que hacerles creer que fue su idea hacerlo en primer lugar. Mientras tanto, debes ocultar tu propio objetivo y reprimir tu inclinación natural a reaccionar, aunque las cosas no salgan como las habías planeado. Esto significa que también tendrás que conocerte a ti mismo.

¿Cuándo y Por Qué se Utiliza el Control Mental?

Al igual que la persuasión, el control mental también puede utilizarse literalmente en cualquier lugar. Aquí hay algunos ejemplos de cómo se puede utilizar el control mental en diferentes situaciones.

Establecer una Figura de Autoridad

En la política, la religión y cualquier otro sector en el que una persona influye en grandes masas, el control se consigue haciendo que una persona sea vista como una figura autoritaria muy distinguida. Se hace creer a la gente que esta persona tiene la experiencia necesaria para proporcionar información precisa o que sus intereses son secundarios con respecto a los de la gente a la que representa. El control mental sólo funciona si la autoridad es lo suficientemente fuerte y digna de confianza. De este modo, los objetivos creerán que el líder sólo actúa en su interés.

Fomentar la Educación

Los padres suelen controlar la mente de sus hijos ofreciéndoles recompensas por su buen comportamiento y sus notas. Les animan a continuar con el comportamiento positivo, prometiéndoles mejores oportunidades profesionales y una mejor posición social en el futuro. Para que un niño se lo crea, suele necesitar que le presten la atención y los regalos que desea. Cuando reciben su recompensa, se sienten aún más motivados para continuar con su comportamiento ejemplar y mantener las buenas notas.

Crear un Sentimiento de Superioridad

Los vendedores suelen utilizar la necesidad de la gente de sentirse superior para controlar la mente de su público. Haciendo creer que la adopción de una nueva mentalidad, le hará convertirse en alguien superior, y el nuevo comportamiento le elevará por encima del resto de su círculo social. Desgraciadamente, hoy en día, cada vez más gente siente la necesidad de ser única y mejor que los demás, por eso son tan vulnerables al control mental.

Motivar a los Compradores

El control mental se utiliza para motivar a los compradores potenciales a buscar productos en una tienda. También se utiliza para convertir clientes potenciales en ventas en el comercio electrónico. En cuanto un visitante hace clic en un producto o servicio, el vendedor empieza a controlar su comportamiento. Si es necesario, se les ofrece ayuda e incentivos como descuentos para que compren los artículos.

Creación de Pánico

Crear pánico es una forma generalizada de control mental que juega con los mayores temores de la gente. Se utiliza en todas partes, desde la política hasta la sanidad o cualquier otra situación en la que un influencer sienta la necesidad de infundir miedo a la gente. Se hace creer a la audiencia que para evitar que sus miedos más profundos se hagan realidad, deben aceptar la solución ofrecida por el influenciador, que es aceptar las creencias y el comportamiento del influenciador.

Crear Desprecio por la Competencia

Cuando dos influenciadores diferentes compiten por el control de un grupo objetivo, respaldarán los factores de miedo y autoridad con otra estrategia. Harán todo lo posible para crear desprecio por la competencia, representándola de la peor manera. Esto evita que la audiencia escuche a la competencia y posiblemente destruye cualquier progreso que hayan hecho con el público objetivo.

Subir los Precios

Las marcas populares son conocidas por vender productos y servicios que no reflejan su calidad. Los anuncian como algo imprescindible, algo que podría mejorar tu vida de una manera que ningún otro producto o servicio puede. Por supuesto, la gente podría comprar la misma calidad por mucho menos, y a menudo también de la misma marca. Pero como se les hace creer que el producto de la gran marca es mejor porque cuesta más, lo comprarán de todos modos.

Evitar la Responsabilidad

La gente suele utilizar el control mental para evitar la responsabilidad personal en asuntos legales o financieros. Un ejemplo perfecto de esto sería que alguien recibiera una multa de estacionamiento y argumentara para librarse de ella convenciendo a las autoridades de que tenía derecho a aparcar donde lo hizo.

¿Cómo Se Logra el Control Mental?

El control mental requiere una estrategia compleja y varios pasos para completarse. He aquí una versión simplificada de cómo funciona.

Hacer Todo el Pensamiento

La primera regla del control mental es no pedir nunca a alguien que piense en tus ideas. Entre todas sus obligaciones diarias, probablemente no tendrán tiempo ni ganas de hacerlo de todos modos. Tienes que pensar por ellos y sacarles una conclusión que no tendrán más remedio que aceptar.

Poner los Pensamientos en Movimiento

Lanzar el control mental a la acción a menudo requiere un movimiento audaz. Ofrecer una idea poderosa puede hacer que la gente se cuestione sus creencias anteriores. Después de esto, todo lo que necesitas hacer es dar un paso atrás y ver cómo sus mentes están siendo cambiadas.

Empezar con Algo Pequeño

Las personas que dominan el arte del control mental nunca piden demasiado por adelantado. Cuando se trata de cambiar la opinión de alguien, siempre es mejor pedir un pequeño compromiso para empezar. Cuando lo alcances, puedes aprovechar la confianza que has ganado y empezar a tomar más y más.

Representar Algo Más Grande

Otro factor crucial para cambiar la opinión de alguien es representar algo más grande que uno mismo. La gente confía en los líderes, en las figuras de autoridad e incluso en las personas influyentes de las redes sociales porque creen que actúan por razones desinteresadas. Hacer que la gente empatice con tu causa es una gran manera de conseguir y mantener su atención en tu punto de vista.

Ser Audaz

Las estrategias de control mental más exitosas funcionan porque la gente no tiene miedo de utilizarlas. Aunque los anuncios, los medios de comunicación y otras campañas públicas suelen ser juzgados por ser descarados, sus esfuerzos siempre dan resultado. Ser audaz y defender lo que uno cree es un elemento crucial que une todos los anteriores. Cuando crees en algo, no pides a la gente que lo acepte. Lo promueves y exiges que la gente lo reconozca como la verdad.

Habilidades Necesarias para Mejorar el Control Mental

Aprender a controlar la mente de las personas requiere una mentalidad abierta y muy activa. Trabajando en las siguientes habilidades, puedes evolucionar hacia este estado y ser capaz de cambiar la opinión de la gente sobre cualquier cosa y en cualquier momento que lo desees.

Sociabilidad

Si te tomas en serio el aprendizaje del control mental, debes ser asertivo en tu comunicación con todos los que te rodean. Socializa, haz contactos y aprovecha cualquier oportunidad que tengas para estudiar cómo funciona la mente de las personas. No importa si entablas una conversación profunda o si charlas sobre el tiempo. Lo que importa es que observes cómo reacciona la gente a tus palabras y tu comportamiento.

Estudiosidad

El control mental es una habilidad que se desarrolla con el tiempo. Aprender a usarlo de forma eficiente requerirá que sigas investigando constantemente sobre el tema. La forma en que funciona y los aspectos de la vida del objetivo que afecta pueden cambiar con el tiempo y pueden diferir en las diversas situaciones que encontrarás en la vida. Sé curioso y no dudes en buscar y probar diversas estrategias.

Pensamiento Estratégico

Para hacer que alguien cambie de opinión, tendrás que utilizar una táctica que supere sus propias creencias. Es posible que esta táctica deba modificarse a medida que explores los patrones de pensamiento de tu objetivo. Trabajar continuamente en tu estrategia y modificarla cuando sea necesario te permitirá controlar todos los factores que puedan influir en el resultado. Una estrategia eficaz es aquella que el objetivo cree que tiene demasiados beneficios como para rechazarla o despreciarla.

Habilidades de Escucha

Aprender a equilibrar el afán y tu capacidad de escucha es crucial para lograr un control mental eficaz. A veces hay que dar un paso atrás, escuchar y contemplar lo que se oye. Tu público agradecerá que le escuches y aprenderás mucho sobre él. Esto también te dará tiempo para idear qué decir a tu audiencia para que cambie de opinión.

Los Efectos del Control Mental

Los efectos del control mental son de gran alcance y a menudo dependen de la capacidad cognitiva tanto del controlador como de la persona influenciada. A continuación, una lista de los efectos más comunes que el control mental puede tener en el receptor.

No se Sabe lo que Pasa

Cuando se cambia la mente de alguien, rara vez es consciente de lo que le ocurre. Los pensamientos del receptor se modifican lentamente hasta que finalmente se alinean con el punto de vista de la persona que los controla. Por ejemplo, la situación en la que uno no tiene ninguna intención de probar un producto, pero se le presentan testimonios convincentes a través de los anuncios, y de repente está comprando el producto. También puedes aplicar el mismo principio a la hora de pedir un favor a un amigo. Envíe mensajes sutiles hasta que el amigo acabe haciendo su oferta, pensando que fue su propia idea hacerlo. En la mayoría de los casos, se trata de satisfacer las necesidades internas del controlador y darle poder. Pero también puede tratarse de influir en alguien para que pruebe algo que puede ser beneficioso para él.

Vivir en un Entorno Controlado

La gente sucumbe al control mental porque, en contra de la creencia popular, no sólo se controlan sus pensamientos y su mente. El entorno social y a veces incluso el físico también está bajo la mirada del controlador. Si se le atribuyen reglas específicas a la idea que se quiere que adopte y se respalda con un plan estructurado y tareas, se puede controlar cómo se comporta la persona y con quién se relaciona. Trabajar en estas pequeñas tareas les mantendrá ocupados y centrados en digerir la idea o actitud hasta que la acepten.

Aparece una Sensación de Impotencia

Tanto si el objetivo se da cuenta de que está siendo controlado como si no, puede tener una sensación de impotencia. Dado que las personas tienden a rodearse de individuos con ideas afines, esto significa que la mayoría de las veces, el objetivo tiene un círculo social con las mismas ideas, creencias y actitudes que las suyas.

Para ganar control sobre ellos, el influenciador aleja a todos aquellos cuyas creencias no se alinean con las suyas. Esta pérdida del sistema de apoyo social provoca impotencia, que dura hasta que se da cuenta de que también hay personas cuyas ideas se alinean con las suyas. En el peor de los casos, esto se utiliza para que el objetivo pierda todo su poder personal, erradicando su confianza en sí mismo y su intuición. Sin embargo, cuando se utiliza con fines positivos, el control mental sólo tiene que cambiar lo que la intuición de las personas les dice. Sólo tienen que modificar su comprensión de la realidad, no borrarla por completo. De este modo, si los miembros del círculo social al que se dirige se oponen a su nuevo punto de vista, podrán defenderlo con argumentos válidos.

El Bucle de Recompensa y Castigo

Junto con las tareas que los mantienen ocupados, los influenciadores suelen colocar recompensas y castigos en el camino del objetivo. Los objetivos siempre reciben una respuesta positiva al apoyar las creencias de la persona que controla su mente. Mientras que cuando afloran sus propias ideas y actitudes, son castigados al quedar fuera de algo importante. Sin embargo, la persona que ejerce el control debe tener cuidado de mantener el equilibrio entre la recompensa y el castigo. Las personas no pueden ser premiadas o castigadas todo el tiempo, pero pueden mantenerse en un bucle que les permita repetir ambos comportamientos. Aunque esto parece algo contraproducente para hacer cambiar de opinión a alguien, es más probable que los cambios lentos se mantengan que los rápidos. O en otras palabras, los castigos juegan un papel tan importante en la adaptación a nuevos comportamientos como las recompensas.

Necesidad de Aprobación

A medida que el objetivo gana sus recompensas y termina sus tareas mientras trata de evitar el castigo, busca constantemente la aprobación del controlador. Dado que entiende los beneficios de aceptar el punto de vista de la otra persona, el objetivo mostrará de buen grado un comportamiento que probablemente le consiga la validación que necesita. Intentarán evitar cualquier posibilidad de desaprobación o rechazo. Tampoco cuestionarán las nuevas creencias y comportamientos porque no les parece correcto hacerlo.

Un Sistema Cerrado

Las técnicas eficaces de control mental crean un sistema cerrado que depende de la creación del controlador. Este sistema no deja mucho espacio para el compromiso o la retroalimentación sobre cómo el objetivo se siente acerca de los cambios que le están sucediendo. Los objetivos a menudo piensan que su aportación en sus propias vidas no es validada por la persona que los controla. También pueden sentir que la persona a la que intentan emular no tiene nada que perder, mientras que ellos pueden enfrentarse a varias pérdidas mientras su relación persiste.

Los Beneficios del Control Mental

A pesar de las ideas erróneas, el control mental es una práctica intrínsecamente buena. De hecho, conlleva varios beneficios, incluidos los que se describen a continuación. Algunos son más ventajosos para la persona afectada por el control que otros.

Te Da Poder

El poder del control mental ha sido un tema muy debatido. Desde la religión hasta la política, pasando por las redes sociales, los elementos de control mental pueden encontrarse en todas partes. Mientras que el poder del control masivo por parte de los medios de comunicación o la sociedad no siempre tiene un impacto positivo en la vida del sujeto, los efectos individuales del control mental sí pueden. No hay nada más poderoso que tener la fuerza mental para controlar no sólo tu propia mente, sino también la de los demás. Saber que puedes impactar positivamente en la vida de otra persona puede ser increíblemente liberador. Te permite centrar tu mente, sin perder de vista tus objetivos. Una vez que establezcas tu intención de influir en la mente de otra persona y empieces a ver los resultados positivos, te sentirás inspirado para continuar en este camino.

Ayuda a Evitar Conflictos

Tus pensamientos, emociones y comportamientos están interconectados e interactúan entre sí diariamente. Cuanto más dominantes son los pensamientos de alguien, más emociones se disparan, lo que lleva a un comportamiento asertivo, agitado y a veces impulsivo. Cuando te encuentras con alguien cuyos pensamientos son tan dominantes como los tuyos, es más probable que entres en conflicto con ellos. Sin embargo, si puede aprender a controlar su mente, haciendo que sus pensamientos sean menos dominantes, menos sentirá la necesidad de reaccionar emocionalmente. Esto hace que tus emociones también sean menores y que se eviten los conflictos porque no tendrás nada por lo que pelear. Podrás ver las cosas desde una perspectiva diferente, lo que te permitirá cambiar de táctica si lo necesitas. Esto te permitirá desarrollar estrategias de control mental más productivas con la misma persona, si es necesario, y con todos los demás en el futuro. Una vez más, esta es una ventaja que todos los canales y plataformas de medios de comunicación han conocido y utilizado. Si una forma de control resulta contraproducente, haciendo que la audiencia reaccione negativamente, simplemente se cambia a otra.

Beneficio para la Salud

Los terapeutas que trabajan con pacientes que sufren traumas psicológicos también utilizan a menudo el control mental. La distracción y el control que proporciona vienen acompañados de numerosos beneficios para la salud. Permite a la persona reducir el número de noches de insomnio causadas por la ansiedad, la depresión, los terrores nocturnos y los patrones de sueño perturbadores. Aunque el control mental no los elimina por completo, alivia otros síntomas de las condiciones de salud mental, dando a la persona influenciada una sensación de paz interior. Pronto empezarán a darse cuenta de que hay una luz al final del túnel, y que merece la pena luchar por su objetivo, que es estar sano. El control mental también puede alejar a la persona de los síntomas físicos. Se ha utilizado con éxito para el control del dolor en varias enfermedades crónicas.

Facilita la Comunicación

Los pensamientos, emociones y comportamientos recurrentes se arraigan como recuerdos en su subconsciente. Más tarde, cuando su mente identifica pistas relacionadas con estos recuerdos, las utiliza para repetir las acciones automáticamente. Con el tiempo, estas repeticiones se convierten en parte de tu vida cotidiana. Una de las formas de utilizarlas es en la comunicación. Cuanto más intentas controlar la mente de alguien, más de estas pequeñas pistas plantas en su subconsciente hasta que las adopta inconscientemente como si fueran productos de su propia mente. Después de un tiempo, cuando converses con alguien, ya no tendrás que repetir toda la información. Sólo repitiendo unas pocas palabras clave desencadenará los pensamientos, las emociones y el comportamiento que quiere que expresen. Se convierte en una parte de ellos tanto como de ti. Dejarán de encogerse de hombros como al principio, facilitando la comunicación entre ustedes.

Proporciona una Distracción Positiva

Cambiar las ideas y la actitud de una persona suele abrir su mente sobre ciertas creencias, de modo que aprende a aceptar otros puntos de vista. Mientras trabajan en la adopción de los nuevos patrones de pensamiento, sus mentes disfrutan de un respiro de la multitud de estímulos que reciben y del estrés de la vida diaria. Este beneficio también está ligado a los recuerdos arraigados, ya que la mente suele traer a colación las nuevas creencias como distracciones positivas, lo que ayuda a consolidarlas aún más en el subconsciente.

Aporta Alivio al Receptor

No tener que preocuparse por ciertas cosas puede suponer un enorme alivio para la persona afectada por el control mental. Como se mencionó anteriormente, la filosofía básica del control mental dicta que debes hacer el pensamiento en lugar de la persona que está tratando de influir. En consecuencia, estarán felices de acatar tu influencia y tus reglas si eso significa que no tienen que averiguar si está bien o mal hacerlo. Aunque esto pueda parecer contraproducente y complicado, en realidad no lo es. Piensa en todas las soluciones obvias que los anuncios ofrecen a los problemas cotidianos. La mayoría de nosotros estamos dispuestos a aceptarlas porque nos alivia no tener que encontrar una solución nosotros mismos.

Capítulo 4

Métodos de Control Mental

El número de enfoques de control mental varía en función de varios factores. La definición de la técnica, el tipo de herramientas psicológicas utilizadas e incluso las funciones cognitivas de la persona sobre la que se ejerce la influencia pueden afectar a los métodos utilizados. Este capítulo analiza los métodos de control mental más comunes utilizados en diferentes ámbitos de la vida. Se explica en qué consiste cada estrategia, cómo se hace y cuándo se utiliza.

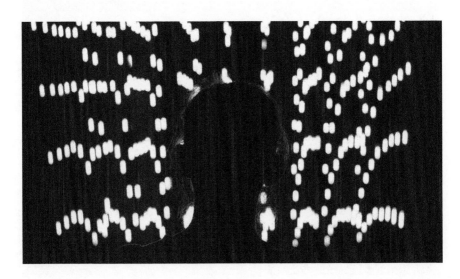

Lavado de Cerebro

Los términos "control mental" y "lavado de cerebro" suelen utilizarse indistintamente. Cuando, en realidad, el lavado de cerebro es sólo una forma de control mental, y la más difícil. Lavado de cerebro significa reformar los pensamientos de alguien a través de alguna forma de influencia social. Muchas personas saben que emular a otras personas de su entorno puede cambiar sus pensamientos y su comportamiento. Por ello, están condicionadas a creer que el lavado de cerebro también se produce con frecuencia.

Sin embargo, para hacerlo con éxito, hay que combinar tres enfoques diferentes: persuasión, conformidad y educación. La parte educativa sugiere al objetivo que debe hacer algo o expresar sus creencias de una determinada manera porque es lo correcto. La persuasión, como sabes, se basa en el refuerzo positivo. El método de cumplimiento sólo pretende realizar un cambio basado en los objetivos del lavacerebros. La combinación de los tres factores constituye una forma severa e invasiva de técnica de control mental.

El lavado de cerebro cambia las actitudes de alguien sin su consentimiento, lo que sólo puede aplicarse en condiciones específicas, como en tiempos de guerra, en la cárcel o en entornos de culto. En estos casos, el objetivo está aislado, a menudo herido, y depende del lavador de cerebros para obtener comida, refugio y otras necesidades humanas básicas. Esto da al lavador de cerebros un control total sobre la mente de la víctima y le permite convencerla de que crea en lo que quiera. El lavacerebros va eliminando poco a poco las defensas naturales del objetivo, leyendo su identidad. Después de esto, pueden reemplazarla con una nueva identidad que consiste en creencias y comportamientos que les permiten mantener el control.

Dado que la creación de confusión y la duda sobre uno mismo son elementos críticos del lavado de cerebro, sin ellos, el método no puede ser utilizado. Sólo cuando éstos están presentes, combinados con un sentimiento de culpa y una mentalidad estrecha, se puede atrapar a las personas para que se les lave el cerebro. Todos estos elementos deben estar presentes en formas extremas, lo que raramente ocurre, haciendo que el lavado de cerebro sea un acontecimiento raro.

Hipnosis

La hipnosis es un método que se basa en la creación de un estado de conciencia elevado, en el que la atención se desplaza hacia ideas y actitudes sugeridas por la persona que realiza la hipnosis. Algunos comparan este estado con el de estar dormido, porque eso es lo que se siente. Durante el sueño, la mente está lo suficientemente relajada como para trabajar con los diferentes estímulos que recibe durante las horas de vigilia. Sin embargo, a diferencia de estar dormido, uno es consciente durante la hipnosis. Puede escuchar todo lo que le sugiere el hipnotizador, sólo que su mente puede aceptar las sugerencias más rápidamente porque no está abrumada por otros pensamientos conscientes. Si la mente del objetivo ya está relajada, el primer paso (calmar) puede no ser necesario.

La hipnosis es un enfoque que se basa en los siguientes principios fundamentales:

- **Beneficios Mutuos:** Puedes sugerir que necesitas su ayuda tanto como ellos la tuya.

- **Mayor Reconocimiento:** Hacer que el sujeto repita la sugerencia en voz alta permite que su mente la acepte.

- **Estimulación Sensorial:** Pensar en la sugestión a menudo estimula uno o más de los sentidos del sujeto.

- **Estimulación Física:** Pensar en la sugestión cambia el comportamiento del cuerpo.

- **Retroalimentación:** También tendrás que verificar que la sugestión es aceptada preguntando al sujeto sobre sus pensamientos al respecto.

- **Aprovechamiento de la Aceptación:** En cuanto la sugestión es aceptada, puedes empezar a trabajar en el cambio de actitud y comportamiento del sujeto.

- Tener Confianza: Tu actitud es la clave del éxito, cuanto más confíes en tus habilidades, más posibilidades tendrás de hipnotizar a alguien.

Las técnicas de hipnotismo más utilizadas son:

- **Apoyo:** Afirme el objetivo de su apoyo aparentemente incondicional.

- **Ambigüedad:** Aprovechar un estado de concentración para implantar varias ideas.

- **Confirmación:** Afirmar a la persona que está consiguiendo lo que quiere.

- **Captación de la Atención:** La mente del objetivo es ocupada por la sugestión.

- **Comprobación de la Sugestionabilidad:** Se suelen utilizar pinzas de mano y métodos similares para comprobar la disposición del objetivo a aceptar la sugestión.

- **Relajación del Brazo:** El objetivo sugiere que sentirá que sus brazos flotan.

- **Vinculación de las Partes del Cuerpo:** Cuando los brazos del objetivo se relajan, la sensación se extiende al resto de su cuerpo.

- **Confirmación del Aviso:** Se pregunta al objetivo si ha notado su estado de relajación.

- **Pausa:** Se da tiempo al objetivo para que asimile su nuevo estado.

- **Repetición:** Decirle al objetivo que se relaje lo relaja aún más.

- **Tensar los Músculos:** Se pide al objetivo que tense sus músculos para relajar su cuerpo.

- **Sugerencias Vagas:** La gente reacciona mejor a las ideas vagas que a las específicas que van en contra de sus valores.

- **Visualización:** Pedir al objetivo que imagine un aspecto crucial de la idea que se le presenta permite que su mente lo asimile más rápidamente.

Un elemento clave de la hipnosis es asegurarse de que los objetivos permitan que las sugestiones penetren en sus mentes. Para ser hipnotizada, una persona no tiene que ser crédula, estar herida o ser débil de mente. Nada de lo que el hipnotizador pueda sugerir puede ser aceptado a menos que el objetivo quiera reconocerlo. Estar hipnotizado no permite a la otra persona tomar el control completo. El sujeto siempre tiene el control y no hará nada que no encaje con sus principios básicos. Si una noción va en contra de sus valores fundamentales, probablemente no dejará que su mente se centre en ella. Y tampoco lo hará nadie más. Incluso si has sugerido algo así a otra persona durante la hipnosis, lo más probable es que salga de ese estado de relajación en el que la has puesto. Esto significa que las sugestiones deben ser presentadas de una manera que sea atractiva para el objetivo. Por ejemplo, sugerirle a alguien que se comporte de una manera que probablemente conduzca a lesiones no va a funcionar porque la idea de salir herido es inaceptable. En cambio, si le sugieres que acepte una actitud que le lleve a obtener ganancias materiales u otros beneficios, estará dispuesto a centrarse en la idea.

Otro elemento crítico que hay que tener en cuenta es que el objetivo no siempre recuerda las sugestiones, al menos no conscientemente. La hipnosis se aplica a casi todo el mundo a diario, pero muchos de nosotros ni siquiera somos conscientes de que nos han hipnotizado. Por ejemplo, la creación de anuncios publicitarios o escenas de películas convincentes puede hacer que el público esté tan absorto en su visionado que ni siquiera se dé cuenta de lo que está ocurriendo a su alrededor. Los medios de comunicación suelen apelar a las emociones de la gente para vender sus sugerencias, exaltando los sentimientos hasta el punto de cambiar el comportamiento de las personas. Hacen que la gente se concentre tanto en las escenas específicas que sus mentes y cuerpos empiezan a reaccionar incluso sin que sean conscientes de hacer nada. Su objetivo final es crear empatía hacia lo que ocurre en la pantalla.

Repetición

La repetición forzada de la misma idea es otro método de control mental comúnmente utilizado. Es una estrategia sencilla, por lo que a menudo se recomienda a las personas que acaban de sumergirse en el reino de la psicología oscura. El primer paso es formular un mensaje simple pero convincente y plantarlo en la mente de alguien. Después, se lo repetirás todo el tiempo que sea necesario para que lo asimile. Cuanto más fácil les resulte entenderlo, menos tendrás que esforzarte en repetirlo.

La repetición es una técnica que se basa en la prueba social. Las personas buscan la aprobación de sus pensamientos, creencias, actitudes y comportamientos por parte de otras personas de su círculo social. Para que el enfoque de la repetición funcione, debes sugerir una idea que puedan verificar al notarla en quienes los rodean. Si ven que todos los demás aceptan el mensaje, estarán dispuestos a reconocerlo. Ver que la prueba social actúa como una forma de repetición en sí misma.

Los medios de comunicación y las autoridades han utilizado este enfoque durante muchos años. Sin embargo, recientemente ha surgido otra forma de repetición. Las afirmaciones positivas utilizadas para fomentar la confianza en uno mismo y el crecimiento son el ejemplo más reciente de repetición en funcionamiento. Las personas utilizan las afirmaciones positivas para convencerse a sí mismas (o a los demás) de que pensar y comportarse de una manera específica es beneficioso para ellas. Lo hacen repitiendo el mismo mensaje positivo día tras día hasta que empiezan a creerlo.

La repetición es especialmente eficaz en entornos de grupo en los que todos buscan la validación de los demás. Temen ser avergonzados si hablan o actúan sin ser validados primero. Esperan hasta estar seguros de que no estarán en desacuerdo con nadie del grupo. Esto se debe a que quien está sembrando estas pruebas sociales está haciendo sugerencias al hacer preguntas que los miembros no pueden responder sin cambiar sus creencias. Hacen creer a los miembros que la única manera de responder a estas preguntas con veracidad es estar de acuerdo con la idea del líder. Aunque se den cuenta de que no han recibido una respuesta inmediata a las preguntas, la repetición del mismo mensaje hace que los miembros crean que pueden revelar las respuestas por sí mismos.

Técnicas de Conversión

Como su nombre indica, la conversión es un enfoque de control mental que se basa en la conversión de los valores, las creencias y las actitudes de una persona en otros diferentes. Es un método sencillo que consiste en desarrollar una forma de pensar diferente y, por ello, puede aplicarse en una amplia gama de situaciones. Algunas de las técnicas más comunes utilizadas para convertir las creencias de alguien en ideas diferentes son:

- **Establecimiento de la Autoridad:** Se hace creer al objetivo en una figura de autoridad absoluta a la que no tiene forma de desafiar.

- **Romper Hábitos:** Poner a la gente bajo presión hasta que empiece a creer que cambiar sus ideas es la única manera de conseguir alivio.

- **Cambiar los Valores Fundamentales:** Los valores fundamentales del objetivo son desafiados hasta el punto de que empiezan a cuestionar lo que está bien y lo que está mal.

- **Proporcionar la Oportunidad de Confesar:** Al reconocer las acciones indeseables del pasado, los objetivos están dispuestos a avanzar hacia nuevas creencias.

- **Cambios en la Dieta:** Sugerir al objetivo que consuma alimentos que debiliten su resolución cognitiva.

- **Abrir la Mente:** Conseguir que el objetivo se abra a nuevas ideas limita su capacidad de racionalizar viejas creencias.

- **Comportamiento Comprometido:** El objetivo está involucrado en una conversación u otro comportamiento que le permite atraerlo.

- **Agotamiento Físico y Mental:** Si el objetivo está agotado, será menos probable que se resista a la conversión.

- **Sacar la Culpa:** Este método se refiere a los pensamientos y comportamientos con los que el objetivo no está satisfecho.

- **Presentación de un Propósito Superior:** Al asociar la actitud deseada con una causa desinteresada y noble, se puede convencer al objetivo de sus beneficios.

- **Destrucción de la Identidad:** Al destruir a la persona objetivo, se crea un espacio para una nueva identidad.

- **Pensamiento Lógico:** Señalar que la actitud del objetivo puede parecer irracional a los ojos de otras personas hace que reevalúe sus creencias.

- **Control del Pensamiento:** Cualquier pensamiento que el objetivo pueda tener para descartar tus argumentos es bloqueado por otros mensajes más poderosos.

- **Conversión Gradual:** Progresar lentamente cambiando gradualmente las creencias de la persona y aumentando la dificultad de las exigencias.

- **Aislamiento:** El objetivo se separa de otras personas que pueden enviarle mensajes disuasorios.

- **Ganchos Emocionales:** Las personas solitarias son más vulnerables a la conversión, especialmente a la sugerencia de que al aceptar una idea, tendrán acceso a vínculos emocionales.

- **Demandas Persistentes:** Envío de mensajes persuasivos al objetivo hasta que sus defensas se derrumben.

- **Radicalization:** Changing one's ideas into more radical ones

- **Presentar un Propósito Superior:** Al asociar la actitud deseada con una causa desinteresada y noble, se puede convencer al objetivo de sus beneficios.

- **Destrucción de la Identidad:** Al destruir a la persona objetivo, se crea un espacio para una nueva identidad.

- **Pensamiento Ilógico:** Señalar que la actitud del objetivo puede parecer irracional a los ojos de otras personas hace que reevalúe sus creencias.

- **Control del Pensamiento:** Cualquier pensamiento que el objetivo pueda tener para descartar tus argumentos es bloqueado por otros mensajes más poderosos.

- **Conversión Gradual:** Progresar lentamente cambiando gradualmente las creencias de la persona y aumentando la dificultad de las exigencias.

- **Aislamiento:** El objetivo se separa de otras personas que pueden enviarle mensajes disuasorios.

- **Ganchos Emocionales:** Las personas solitarias son más vulnerables a la conversión, especialmente a la sugerencia de que, al aceptar una idea, tendrán acceso a vínculos emocionales.

- **Demandas Persistentes:** Envío de mensajes persuasivos al objetivo hasta que sus defensas se desmoronan

- **Radicalización:** Cambiar las ideas propias por otras más radicales.

- **Utilizar un Lenguaje Específico:** Los pensamientos de la gente pueden convertirse fácilmente utilizando un lenguaje que desprenda poder y ofrezca un nuevo significado a las creencias existentes.

La conversión se utiliza a menudo en la religión, la política, los grupos sociales más amplios y otras organizaciones influenciadas por ideologías específicas.

Propaganda

La propaganda es una herramienta que permite controlar los pensamientos y creencias de las personas, afectando a sus reacciones. Encuentra y recoge todas las ideas que la gente de un grupo objetivo aceptará como verdad universal. Empleando mensajes que la gente no cuestiona, la propaganda puede hacer que la gente se alinee con cualquier ideología que represente. Esta ideología puede representar cualquier creencia religiosa, filosófica o política en la que la gente ya crea. Sólo es cuestión de potenciar sus pensamientos al respecto mediante mensajes coherentes y afirmativos. Muchas ideologías utilizan la propaganda para promover lo que defienden. Esto les da poder sobre su público objetivo. También consideran que cualquier otra idea o contrapunto no es válido y a veces incluso es perjudicial para la seguridad de la gente.

La propaganda tiene una cualidad única que la distingue de otros métodos de control mental más evidentes. La propaganda exitosa siempre se esconde detrás de mensajes significativos y supuestamente razonables, por lo que las personas bajo su influencia ni siquiera son conscientes de lo que les está sucediendo. Simplemente aceptan la verdad que el comunicador les ofrece sin cuestionar ni notar el motivo oculto que hay detrás. El comunicador parecerá ser alguien que intenta ayudar a la gente y no controlar sus mentes. Incluso si el objetivo se da cuenta de que está siendo manipulado y expresa su rebeldía, la persona a cargo suele tener otros métodos para mantenerlos a raya. Debido a su naturaleza encubierta, es fácil ver por qué la propaganda se utiliza con éxito en grandes grupos de personas.

Para ser eficaz, la propaganda depende de varias condiciones específicas. Una de ellas es el control de los canales de comunicación de masas. Si la persona a cargo tiene poder sobre estos canales, puede asegurarse de que sólo se promuevan los mensajes "correctos". La lista de personas que pueden tener autoridad sobre la información a la que pueden acceder ciertos grupos incluye a propietarios de empresas, profesores, padres, personas influyentes, políticos y otras figuras de autoridad. Sea quien sea esta figura de autoridad, siempre necesita hacer que la gente se alinee con sus ideas o perciba la realidad de una manera diferente.

Poder

El poder suele estar ligado a una o varias de las otras técnicas de control mental. Su definición es lo que la persona que lo ejerce quiere o desea de otras personas. El cumplimiento de los deseos a menudo depende de que otras personas se comporten, piensen o sientan de una determinada manera. El uso de su poder para influir en los demás puede ayudarle a tomar el control sobre la mente de las personas, cambiando todos o cualquiera de estos tres aspectos de la actitud humana. De hecho, este principio básico puede aplicarse a todos los demás métodos utilizados en la psicología oscura. Desde las figuras de autoridad hasta los medios de comunicación social y las agencias de publicidad, todos dependen de su propia capacidad para establecer y mostrar su poder.

Para utilizar tu poder, primero debes entenderlo. Y lo que es más importante, tendrás que entender el poder de los demás. Tienes que utilizar tus habilidades con cuidado, por si te encuentras con alguien más poderoso que tú. También debes evitar a toda costa la exhibición excesiva de poder. Esto hace que la gente se agite, lo que puede desencadenar su propia necesidad de ejercer su poder. En su lugar, debes utilizar tus habilidades de forma sutil, para que ni siquiera se den cuenta de que lo estás haciendo.

El poder también se puede utilizar de forma indirecta, y muy eficaz. Por ejemplo, puedes plantar una idea en la mente de alguien sobre los beneficios de usar sus poderes. Si acceden, en realidad están ganando poder en tu nombre sin que te esfuerces demasiado. Las amenazas también se utilizan habitualmente como muestra de poder y a menudo se combinan con otros métodos. Ya sean físicas o psicológicas, las amenazas pueden ser una herramienta increíblemente efectiva para el control mental. Mientras el objetivo crea que tienes poder sobre él, siempre tendrás una forma de hacerle cambiar de opinión.

Persuadir con la Fuerza de Voluntad

El uso de la fuerza de voluntad es una herramienta crucial de control mental. Mientras que la simple persuasión sólo da un empujón a las personas para que empiecen a pensar y actuar de forma diferente, persuadir con la fuerza de voluntad implica mucho más. La fuerza de voluntad de una persona determina el curso de sus acciones, reacciones, pensamientos y emociones. Para cambiar algo o todo esto, hay que ejercer una cantidad significativa de fuerza de voluntad propia. Esto significa entrar en una batalla de voluntades con el objetivo de convertirse en el vencedor y finalmente persuadir a los demás para que se alineen con tus creencias o actitud.

He aquí algunas formas de persuadir a la gente a través de su fuerza de voluntad.

- **Aumentar:** Poco a poco, ve mermando la fuerza de voluntad de alguien hasta que se debilite lo suficiente como para que puedas dominarla. Después de esto, será mucho más fácil persuadirlos para que hagan tu voluntad o se alineen con tus creencias.

- **Goteo Lento:** Como cuando un grifo gotea agua. Vas enviando mensajes pequeños pero repetitivos y convincentes hasta que cumplan tus deseos. Los mensajes tienen que ser amistosos y positivos.

- **El Método de la Escalada:** Seguir enviando mensajes que revelen lentamente tu fuerza de voluntad suele ser una escalada hacia la victoria. Empieza explicando amablemente tu punto de vista; luego, encuentra una forma de demostrarlo antes de utilizar esto como palanca contra la voluntad de la otra persona.

- **Involucrar a Otros:** Involucrar a otras personas para que apoyen tu caso puede ser una forma poderosa de mostrar a una persona que puedes ir en contra de su fuerza de voluntad. Sólo asegúrate de que las personas que has involucrado apoyen tus creencias y actitudes incondicionalmente.

- **Ofrecer Apoyo:** Buscar el apoyo moral de las personas cercanas a ti puede aumentar tu fuerza de voluntad, permitiéndote superar a tu competencia. Incluso si tus partidarios no se implican, saber que están a tu lado aumentará tu confianza.

- **Ser Perseverante:** Persuadir con fuerza de voluntad consiste en saber quién puede permanecer en el juego más tiempo. Al demostrar que está dispuesto a seguir siendo persistente, está indicando que no se detendrá hasta que haya alcanzado su objetivo.

- **Utilizar el Contacto Ocular:** Mirar intensamente a los ojos de alguien durante un periodo puede ser increíblemente intimidante. Demuestra que ni siquiera necesitas palabras para mostrar lo superior que es tu fuerza de voluntad.

- **Utilizar un Lenguaje Específico:** Utilizar palabras cargadas puede ayudarte a imponer tu voluntad a los demás. Las palabras que suenan significativas, asertivas y que enfatizan un punto fuerte son particularmente efectivas.

- **El Método del Ataque Personal:** Atacar las creencias personales de alguien puede ser otra gran manera de hacer que se cuestione su actitud. A veces basta con señalar un error que han cometido como consecuencia de sus creencias, y podrás dominarlos.

Capítulo 5

¿Qué Es el Gaslighting?

El término "gaslighting" ha ido ganando gran popularidad en los últimos años, ya que cada vez más gente lo utiliza para describir un determinado comportamiento tóxico que suele darse en las relaciones. Se podría pensar que "gaslighting" es un término nuevo o moderno. Sin embargo, existe desde hace casi un siglo. El origen de la palabra se remonta a 1938, cuando se estrenó la obra del dramaturgo británico Patrick Hamilton "Gas Light". En 1944, la obra fue adaptada en una popular película llamada "Gaslight". Esto hizo que más personas conocieran este comportamiento tóxico y comenzaran a asociarlo con el título de la película, Gaslight.

La película trata de un marido que manipula a su mujer para hacerla cuestionar su sentido de la realidad y persuadirla de que está perdiendo la cabeza. Quiere volverla loca para internarla en una institución mental y quedarse con su dinero. La película se llama " Gaslight " porque, en una escena, el marido enciende las luces de gas en el ático, haciendo que parpadeen en la casa. Cuando la mujer se da cuenta del parpadeo y le pregunta, él le dice que ve cosas. El objetivo es introducir la duda en su mente y hacer que se cuestione sus percepciones. Así surgió el término " gaslighting ".

El gaslighting es una forma de manipulación y abuso psicológico y emocional. Al igual que el marido de la película, el gaslighter es alguien que manipula a una persona o a un grupo de personas para hacerles cuestionar su percepción, su realidad y su memoria. Este comportamiento es extremadamente peligroso para la salud mental de la víctima, ya que deja de creer en su propia realidad y acepta el recuerdo de los acontecimientos del manipulador. En otras palabras, el manipulador presenta a su víctima una narrativa falsa para engañarla y hacer que se cuestione a sí misma y sus propios juicios. Con el tiempo, pierden su autoestima, su confianza y su estabilidad mental.

El gaslighting no se produce de inmediato, ya que el manipulador suele empezar con incidentes pequeños e insignificantes y luego va aumentando los incidentes más grandes y graves para acabar ejerciendo un control y un poder completos sobre sus víctimas. Las víctimas se ven entonces incapaces de llevar una vida cotidiana normal en la que puedan tomar sus propias decisiones, pensar con claridad o tener un sentido claro de su propio bienestar, ya que se vuelven completamente dependientes del abusador.

Aunque el gaslighting se asocia principalmente con las relaciones románticas, también puede ocurrir en todas las demás relaciones. Un amigo, un familiar, un compañero de trabajo o un jefe pueden utilizar tácticas de gaslighting para controlarte. En la mayoría de los casos, los que ejercen el gaslighting no son individuos mentalmente estables y pueden sufrir uno o más trastornos mentales. En la actualidad, el gaslighting no está reconocido como un trastorno mental. Sin embargo, esto no lo hace menos peligroso o dañino para la salud mental de la víctima.

Cuándo y Por Qué se Utiliza el Gaslighting

El Gaslighting suele producirse cuando existe una dinámica de poder desigual. El manipulador suele ser alguien con poder o, al menos, más poderoso que sus víctimas. Por ejemplo, el término "gaslighting" fue utilizado por muchas personas para describir el comportamiento de Donald Trump durante su campaña presidencial y su tiempo en el cargo. Decía algo que todo el mundo escuchaba y entendía, para luego negarlo y decir que nunca había dicho eso, ni se le ocurriría decir algo así. Aunque había pruebas que lo contradecían y demostraban que, de hecho, había dicho esas palabras, utilizó la gaslighting y su posición de poder para manipular al público. Creó su propia realidad y manipuló a la gente para que creyera que él era la única realidad verdadera. A juzgar por el número de seguidores que sigue teniendo Donald Trump, está claro que su táctica funcionó.

Cuando el manipulador utiliza su poder para dar gaslight a los demás, esto puede asustar a las víctimas para que nunca hablen, se defiendan o tomen medidas para cambiar la dinámica de poder a su favor. Las víctimas en las relaciones románticas a menudo tienen miedo de desafiar a su manipulador. Creen que su pareja las dejará si alguna vez hablan, así que se quedan calladas y aceptan el abuso para complacerlo. La víctima está dispuesta a cambiar sus propios juicios, percepciones y realidad sólo para evitar el conflicto con el manipulador. Por lo general, cuando el manipulador es alguien cercano a ti, como tu cónyuge o tus padres, te resultará difícil creer o incluso aceptar que esa persona te está manipulando. Acabas aceptando su realidad porque te niegas a creer que alguien a quien quieres y en quien confías acabe manipulándote. El gaslighter lo sabe y se aprovecha de tu confianza para controlarte.

El gaslighting es más común en las relaciones románticas. También aquí entra en juego la dinámica de poder, en la que la persona más poderosa manipula a la otra. Según varias investigaciones, el gaslighting suele darse en las relaciones heterosexuales en las que un hombre ejerce su control sobre una mujer. De hecho, el gaslighting se asocia a menudo con la violencia doméstica, ya que muchas víctimas de la violencia doméstica han declarado haber sufrido gaslighting junto con otras formas de abuso. Los manipuladores masculinos se aprovechan del viejo y sexista estereotipo de que las mujeres son excesivamente emocionales e irracionales mientras que los hombres son más razonables. Lo utilizan para debilitar a sus víctimas haciéndoles creer su narrativa, ya que ellos saben más; al fin y al cabo, son el sexo más razonable. Aunque el movimiento feminista es ahora más fuerte que nunca, y las mujeres han abogado por alejarse de estos estereotipos, todavía persisten en algunos hombres.

El médico también puede emplear un comportamiento de gaslighting gracias a la dinámica de poder. Esto también ocurre cuando el médico es hombre y la víctima es mujer. Utilizan los estereotipos asociados a las mujeres para desestimar sus preocupaciones de salud o para convencerlas de que sus síntomas están sólo en su cabeza y no hay nada de qué preocuparse. El gaslighting es también bastante común en los medios de comunicación, e incluso hay un nombre para ello "gaslighting mediático". Los medios de comunicación utilizan esta táctica manipuladora para lavar el cerebro del público o difundir propaganda. Básicamente, le dicen a la gente cómo debe pensar para que pueda encajar, incluso si este patrón de pensamiento no es correcto o saludable. Puedes ver el gaslighting de los medios de comunicación a través de noticias falsas o información falsa, que muchas personas presenciaron durante las campañas electorales de Trump y Clinton. También pueden crear una narrativa falsa y una realidad diferente para poder controlar la opinión pública. Estos medios no se preocupan por la verdad y los hechos, y ni siquiera los reconocen.

Los científicos y los médicos también han luchado por hacer su trabajo, mientras los medios de comunicación van por ahí lavando el cerebro a la gente y difundiendo información falsa. Esto fue obvio durante la pandemia de COVID-19 y las vacunas, con médicos y científicos diciendo a la gente lo vital que es vacunarse, mientras que algunos medios de comunicación seguían diciendo a la gente que COVID-19 es un engaño y que la vacuna es una estratagema del gobierno para espiar a la gente. A pesar de que la gente moría todos los días a causa de la COVID-19, algunas personas se negaban a ver la verdad y los hechos y se tragaban la realidad creada por el gaslighting de los medios de comunicación. La película "No mires hacia arriba" muestra perfectamente la manipulación mediática y política durante una crisis. La película trata de un meteorito que está a punto de chocar con la Tierra en cuestión de días. Sin embargo, los medios de comunicación y los políticos siguen difundiendo información falsa y diciendo a la gente que no entre en pánico. Aunque los científicos aparecen en la televisión gritando "vamos a morir todos", la gente cree a los medios y se burla de los científicos. Curiosamente, todo lo que necesitaban hacer era mirar hacia arriba, y podrían ver el meteorito viniendo hacia la Tierra. Así es como funciona el gaslighting.

Incluso cuando la verdad está justo delante de ti, no serás capaz de verla porque has elegido la realidad del manipulador y has dejado de confiar en tus propias percepciones y juicio.

También puede ocurrir en el lugar de trabajo. Tu jefe puede utilizar su posición de poder para hacerte cuestionar tus capacidades y habilidades, o un compañero de trabajo puede difundir chismes sobre ti a tus espaldas. Esto puede llevarle a cuestionarse a sí mismo, a perder la confianza, a odiar su trabajo e incluso a arruinar su carrera. Por ejemplo, si tu jefe sólo te hace comentarios negativos y nunca te dice nada positivo o te hace una crítica constructiva, empezarás a creer que no eres lo suficientemente bueno. O tu compañero de trabajo difunde chismes sobre ti o hace comentarios despectivos, pero cuando te enfrentas a ellos, te acusan de ser demasiado sensible o te dicen que no recuerdas las cosas correctamente. La intención es hacer que se cuestionen sus propias percepciones y la realidad, y reducir su autoestima.

Algunas campañas de marketing también se basan en el gaslighting para manipular a la gente para que compre sus productos. Si has visto la serie Mad Men, probablemente tengas una idea de lo que ocurre entre bastidores en las agencias de publicidad. Las agencias de marketing utilizan la luz de gas para engañar intencionadamente a la gente. De hecho, la publicidad es una de las peores formas de gaslighting. Mira un anuncio en la televisión y verás cómo las marcas mienten y manipulan a la gente para convencerla de que compre sus productos. Por ejemplo, muchos anuncios sobre el cuidado del cabello prometen un pelo largo, suave y grueso cuando se usan sus productos, o las marcas de cuidado de la piel prometen una piel perfecta cuando se usan sus productos. Todas estas son falsas promesas que exageran la eficacia de un producto para aumentar las ventas.

Los gaslighters están por todas partes a tu alrededor. Pueden ser las personas más cercanas a ti, los políticos en los que confías, tu jefe, a quien respetas, o los medios de comunicación en los que confías para informarte. Queda una pregunta, ¿por qué la gente utiliza el gaslighting? La respuesta es sencilla: para ejercer el control. El objetivo de los manipuladores es quebrar el ánimo de sus víctimas y debilitar su resistencia, confundirlas y crear el caos en sus vidas. Mientras tanto, el manipulador se hace el inocente y el inocente. Este patrón de comportamiento hará que la víctima se cuestione todo y a todos, incluso a sí misma. Una vez que la víctima pierde la fe en sí misma, en las personas de su vida e incluso en su propia realidad, su autoestima se resiente y pierde su propia identidad.

Algunos "gaslighters" son conscientes de su comportamiento. Al igual que el marido de la obra original, tienen un plan y lo ejecutan para ejercer el control sobre sus víctimas. Uno de los gaslighters más famosos del mundo es el asesino en serie Charles Manson. Se inspiró en el libro "Cómo ganar amigos e influir en la gente" de Dale Carnegie. Hay una frase específica en el libro en la que Manson se inspiró: "Deja que el otro sienta que la idea es suya". Aunque se trata de un libro destinado a ayudar a la gente, un psicópata como Manson lo utilizó para crear una secta a la que lavó el cerebro, lo que provocó el asesinato de siete personas.

Algunos manipuladores aprendieron las tácticas de gaslighting de sus padres. Por ejemplo, un progenitor adicto abusará de su hijo o sufre un problema de salud mental y puede utilizar la luz de gas para que no hable de sus problemas. Los padres divorciados también utilizan la luz de gas para alejar a sus hijos del otro progenitor. Uno de los padres quiere ser visto como el héroe, por lo que presenta al otro padre como el villano. Algunos padres también culpan a sus hijos de todo, mientras que otros siguen tratando a sus hijos como seres perfectos que no cometen errores. Este tipo de educación enseña al niño a pensar en absolutos. Simplemente, las cosas son blancas o negras, buenas o malas. No hay grises ni términos medios. Empiezan a actuar así con los demás, como si algo fuera todo malo o todo bueno, lo cual es un patrón de pensamiento irreal que puede crear una realidad distorsionada para sus víctimas.

Sin embargo, no todos los hijos de los gaslighters crecen para convertirse en gaslighters ellos mismos. De hecho, muchos aprenden de los errores de sus padres y ven este comportamiento como algo que deben evitar en lugar de emular. Algunos trastornos de la personalidad también pueden contribuir a la capacidad de una persona para gasificar. Por ejemplo, alguien con un trastorno antisocial de la personalidad o un trastorno narcisista de la personalidad tiene la necesidad de controlar a los que le rodean. Son personas que quieren sentirse importantes y que los demás les necesitan, por lo que ejercen el control para que las personas que les rodean dependan de ellos. Los narcisistas también presentan una imagen falsa de sí mismos y suelen ver a los demás desde un punto de vista distorsionado. Manipulan y dan gaslight a las personas de su vida para mantener intacta su falsa imagen y nunca reconocen sus defectos ni admiten sus errores mientras proyectan sus propios defectos en los demás.

Por otro lado, algunos "gaslighters" no son conscientes de su comportamiento. Quieren que sus víctimas dependan sólo de ellos. Si nadie les llama la atención sobre su comportamiento, continuarán su círculo vicioso y dañarán a las personas que les rodean. Por ejemplo, un presidente que da gaslights al público puede convertirse en un dictador sobre su propio pueblo si nadie le hace responsable de sus actos. Como resultado, la gente tendrá miedo de hablar, y el presidente gaslighter seguirá ejerciendo el poder y el control.

Cómo Funciona el Gaslighting

El Gaslighting es un proceso largo y gradual en el que el manipulador rompe la percepción de la persona sobre su realidad y su confianza en sí misma. Como resultado, la víctima se vuelve completamente dependiente del abusador. No ocurre de inmediato, especialmente en las relaciones románticas. Comienza cuando uno de los miembros de la pareja se gana la confianza de su víctima creando lo que se conoce como el periodo de luna de miel. En esta fase, el manipulador sólo presenta su mejor versión sin mostrar ningún comportamiento abusivo. Una vez que se ha ganado la confianza de la persona, empieza a emplear sus tácticas de gaslighting, de modo que la víctima se siente poco fiable, por lo que sólo depende de su abusador. La víctima dependerá de su manipulador para todo, perdiendo su identidad en el proceso y dando el control total a sus abusadores. Nunca cuestionarán al manipulador porque han dejado de confiar en sus capacidades y creen que su abusador siempre tiene la razón. Con el tiempo, esto da al gaslighter el poder sobre su víctima y hace que no pueda abandonarla.

Siempre que estés cerca de un manipulador, te sentirás aturdido y confundido y te cuestionarás y te cuestionarás a ti mismo. Creerás que algo es culpa tuya cuando no lo es o que simplemente estás siendo demasiado sensible.

Cómo Afecta el Gaslighting a los Persuadidos

Los gaslighters utilizan esta habilidad para persuadir a alguien a permanecer en una relación tóxica. Cuando las personas pierden su identidad, dejan de creer en sí mismas y cuestionan su propia realidad, ¿qué les queda? Esto puede hacer que la persona se deprima, se sienta insegura, dude de sí misma, esté traumatizada, pierda su autoestima y sufra síntomas de TEPT y ansiedad constante.

La víctima pierde la fe en sus capacidades y cede el control a su manipulador, permitiéndole tomar todas sus decisiones por ella. Cuando se cuestiona su realidad, la víctima empieza a creer que algo anda mal con ella y comienza a cuestionar su cordura. Cuando empiezan a perder la confianza en sí mismas, las víctimas suelen sentir que están decepcionando a todo el mundo en su vida. Creen que no están haciendo nada bien y siguen disculpándose por lo que son y por todo lo que hacen. Dado que el gaslighter mantiene a su víctima cuestionando su memoria, ésta empieza a preguntarse si recuerda correctamente ciertos acontecimientos. Dejan de confiar en su memoria o en su propio recuerdo de los acontecimientos por miedo a no recordar las cosas con exactitud.

La víctima deja de expresar sus emociones o de defenderse porque todo lo que dice es menospreciado, incluyendo su percepción, su juicio y su realidad. Se siente confundida e impotente, a la vez que da al manipulador una enorme influencia sobre su vida. Esto hace que la víctima sea fácil de manipular y persuadir. Cuando una persona pierde su identidad, es vulnerable y susceptible a las sugerencias de otras personas. No tiene nada en lo que confiar, ya que su identidad y su realidad están en peligro. Como resultado, lo más probable es que crean cualquier cosa que les diga el manipulador. Esto fue obvio durante muchas elecciones a lo largo de la historia por cómo los políticos manipularon y lavaron el cerebro al público para poder persuadirlos de que les votaran. El Gaslighting es básicamente una forma de persuasión, pero un método oscuro y negativo que puede hacer que las víctimas crean cualquier cosa que el manipulador diga, sin importar lo descabellado que parezca.

Beneficios y Usos Positivos del Gaslighting

Todo tiene un lado positivo, e incluso el gaslighting puede tener sus propios beneficios. Al igual que la mentira puede ser aceptable para hacer que alguien se sienta bien consigo mismo o para evitar los sentimientos de alguien en algunas ocasiones, puedes utilizar el gaslighting para hacer lo mismo. Aunque el gaslighting es una forma de manipulación, puedes utilizarlo para ayudar a los demás. Hay personas que no creen en sí mismas ni en sus capacidades. No quieren intentar nada nuevo porque creen que no tendrán éxito en nada. Puedes utilizar el gaslighting como método de persuasión para cambiar esta falsa realidad. Haz que crean en sí mismos y motívales para que se arriesguen y prueben cosas nuevas.

El gaslighting puede cambiar la realidad de alguien para mejor. En lugar de dejar que alguien controle a esa persona, puedes utilizar el gaslighting para empoderar a alguien y hacer que sea él quien controle su realidad. Algunas personas suelen vivir en una realidad distorsionada y falsa como resultado de su baja autoestima o de una mala educación. Puedes ayudarles a alejarse de esta negatividad presentándoles sus habilidades y rasgos positivos utilizando tácticas de gaslighting.

Se encontrará con gaslighters en todo tipo de áreas diferentes de tu vida. Tu jefe, tus compañeros de trabajo, tus padres, tus mejores amigos, tus hermanos o tu cónyuge pueden tratar de hacerte la luz de gas. Los medios de comunicación, la publicidad y los políticos también utilizan el gaslighting para lavar el cerebro de las masas y conseguir lo que quieren de ellas. Utilizando la dinámica del poder, estas personas ejercen su control sobre sus víctimas. Existen varios tipos de manipulación emocional. Es esencial que diferencies el gaslighting de otros comportamientos tóxicos. Una cosa principal que diferencia este comportamiento es la intención de confundir. El propósito principal de los gaslighters es confundir a sus víctimas para debilitarlas y hacerlas fáciles de controlar y manipular.

Sin embargo, usted puede protegerse del gaslighting y de otras tácticas de manipulación. Entender el gaslighting y cuándo y por qué la gente lo hace es el primer paso para ayudarte a aprender sobre este comportamiento negativo. En el siguiente capítulo, aprenderás sobre las tácticas que utilizan los gaslighters para que puedas detectar el gaslighting a tiempo, antes de que pierdas tu poder y control en manos de otra persona.

Capítulo 6

Rasgos de los Gaslighters

Ciertos rasgos pueden ayudarle a identificar el comportamiento de gaslighting porque, aunque pueda pensar que es un comportamiento fácil de detectar, es todo menos eso. Estas personas son grandes manipuladoras y es posible que no te des cuenta de sus intenciones hasta que sea demasiado tarde. Algunas personas podrían incluso pasar toda su vida como víctimas del gaslighting y bajo el control de su abusador sin darse cuenta de que algo va mal. Como se ha mencionado, un gaslighter puede ser alguien cercano a ti que nunca pensaste que haría algo para hacerte daño. Tampoco parecen malas personas al principio. Un gaslighter suele actuar como alguien que realmente se preocupa por ti y por tu bienestar. Por fuera, parece que sólo se preocupan por tus intereses, pero la verdad es mucho más oscura y fea. La única persona que le importa a un gaslighter es él mismo. No se preocupan por ti; sólo se preocupan por lo que pueden obtener de ti después de ejercer su control sobre ti.

Un gaslighter puede ser amable y encantador cuando lo conoces, pero esto es sólo una actuación. Con el tiempo, la máscara se cae y se muestran sus verdaderos colores. Si el gaslighter es un narcisista, puedes garantizar que su verdadera personalidad saldrá a la luz más pronto que tarde. Su necesidad de control se apoderará de ellos y poco a poco comenzarán a abusar de sus víctimas utilizando diversos métodos con un solo objetivo: controlarlas. No te permitas caer en la trampa de un gaslighter. Aprende a reconocer las banderas rojas para saber cuándo te encuentras con uno o para ayudar a un ser querido que pueda ser víctima del gaslighting.

Mentir Constantemente

La mentira es el arma principal del gaslighter. Esto tiene sentido ya que el gaslighting esencialmente crea una narrativa falsa para distorsionar la realidad de la víctima. Los gaslighters mienten con extrema facilidad; es un hábito y una segunda naturaleza para ellos. De hecho, los gaslighters suelen tener personalidades retorcidas y son conocidos por ser mentirosos patológicos. Descubrir a un gaslighter en una mentira no es fácil porque estas personas son profesionales. Sin embargo, si se les llama la atención o se encuentran pruebas de sus mentiras y se les confronta, se defenderán con mentiras aún más grandes y fuertes. Nunca se echarán atrás ni se retractarán de sus palabras. Dado que muchos de los que mienten con gas son narcisistas, están acostumbrados a mentir y a hacerlo sin ninguna vergüenza o miedo a ser descubiertos. Nunca esperes que admitan que están mintiendo y que se disculpen por sus acciones. En su lugar, te señalarán con el dedo y te dirán que todo está en tu cabeza, que te imaginas cosas, que esto nunca sucedió o que estás perdiendo la cabeza. Incluso si les muestras un vídeo o un audio de ellos mismos para demostrar que están mintiendo, te dirán que lo has oído mal, que este audio no es real o que estas cosas se han sacado de contexto. En el fondo, puede que sientas que están mintiendo, pero el gaslighter puede ser muy persuasivo y seguir inventando más mentiras para apoyar su mentira original, haciendo imposible discutir con ellos o contradecirlos. Al final, la duda empieza a colarse y empiezas a dudar de ti mismo.

¿Por qué sigue mintiendo un gaslighter incluso cuando le pillan? La respuesta es sencilla: saben que funcionará. Cualquier ser humano normal encontrará este comportamiento confuso. Las personas normales no siguen mintiendo, especialmente cuando son descubiertas. Los gaslighters quieren confundir a sus víctimas y debilitar sus defensas. Al final, sólo recordarás sus mentiras e historias inventadas en lugar de la verdad y los hechos que descubriste. El objetivo de un gaslighter es controlarte. Siguen mintiendo para crear una narrativa falsa, hacer que creas su realidad y cuestionar la tuya. En lugar de discutir con el gaslighter cada vez que sospeche que está mintiendo, recordará todas las veces que el gaslighter le demostró que estaba equivocado. Con el tiempo, la víctima aceptará todo lo que su agresor le diga. Si creen que algo está mal, dudarán de sí mismos y se cuestionarán su cordura en lugar de enfrentarse al maltratador.

Exagerar

La exageración es muy parecida a la mentira y es otro rasgo de un gaslighter. Las agencias de marketing emplean esta táctica cuando anuncian una marca. Las marcas rara vez se atienen a la verdad sobre lo que hacen sus productos. Tienden a exagerar y manipular la verdad. Te prometen el cuerpo, el pelo o la piel perfectos utilizando imágenes retocadas o de famosos que se han sometido a cirugía plástica para hacerte creer que ese es el aspecto que tendrás una vez que utilices sus productos. Los particulares hacen lo mismo, pero en lugar de vender un producto, exageran para venderse a sí mismos.

Cuando el gaslighter es un narcisista, la exageración es su herramienta para mantener su imagen falsa intacta. Exageran sus cualidades y habilidades para parecer buenos. Por ejemplo, pueden exagerar cosas sobre su carrera, su vida social o su vida amorosa para elevarse y parecer superiores. Es posible que el gaslighter presuma, se jacte de cosas que no han sucedido o utilice otras tácticas de autoengrandecimiento. Su objetivo no es sólo parecer superior, sino también hacer que los demás se sientan inferiores. La exageración es también la forma en que el gaslighter distorsiona la realidad de la víctima. Crean una narrativa falsa a través de la mentira y la exageración para confundir a sus víctimas. Todo es más grande y más complicado de lo que debería ser, y nada es sencillo. La exageración puede ser muy frustrante para la víctima ya que nada es lo que parece. Todas sus declaraciones, historias y características son exageradas. Nada es real, genuino o directo con un gaslighter; todo es exagerado.

Negarse a Admitir los Defectos

Si esperas a que un gaslighter admita sus defectos, entonces esperarás para siempre. Tienes que entender que los gaslighters no son personas seguras de sí mismas, por lo que quieren controlar a las personas de su vida en lugar de ser su verdadero yo y tratar a los demás con amor y amabilidad. Estas personas no tienen la piel gruesa, y por eso no pueden soportar que alguien les llame la atención sobre su comportamiento dañino o sus mentiras. Para ilustrar la diferencia, cuando te enfrentas a una persona normal por sus defectos, a menudo te escuchará y tratará de entender cómo sus acciones pueden haber herido tus sentimientos. Reconocerán sus defectos y prometerán cambiar o tener cuidado para no causarte más dolor. Sin embargo, el gaslighter no aceptará tus "acusaciones". En su propia mente, estas personas se ven a sí mismas como seres perfectos que no tienen ningún defecto, y cuando te enfrentas a ellos, amenazas la grandiosa imagen que se han creado. Su frágil ego les impide admitir sus defectos o reconocerlos. Viven en su realidad distorsionada en la que se ven a sí mismos como perfectos, y todo es culpa de los demás y no de ellos. Se harán los inocentes y fingirán que no entienden lo que dices o se enfadarán o se pondrán a la defensiva. Para poder controlarte, el manipulador tiene que negar sus defectos, para que no puedas echarle nada en cara.

Volverse Agresivo Cuando Se Le Critica

Como los gaslighters tienen la piel muy fina, no aceptan las críticas con amabilidad y a menudo se enfadan y se ponen agresivos. Si criticas su comportamiento, puedes esperar una rabieta, una pelea, una agresión pasiva o que se aleje de ti. Las personas normales aceptan las críticas y se disculpan por sus acciones. Por otro lado, un gaslighter intensificará la cuestión redoblando las críticas o intimidándote, para que te lo pienses dos veces antes de volver a criticarle. Los gaslighters tienen una visión diferente cuando se trata de las relaciones. No ven a las personas como compañeros o iguales. Todo es una competición. Alguien tiene que ser un perdedor para que el otro sea el ganador. Cuando les criticas, les pones en una posición en la que pueden ser los perdedores, lo cual es inaceptable, y arremeterán contra ti o te culparán de sus acciones en lugar de aceptar tus críticas.

Ponerse agresivo es su forma de manipularte para que no vuelvas a criticarles o a comentar sus acciones. Esta táctica pretende asustarte para que no vuelvas a hablar o a señalar cómo te perjudican las acciones del gaslighter. La próxima vez que hagan algo que te moleste o te haga daño, te lo pensarás dos veces antes de decir algo. No quieres molestar al acosador, así que reprimes tus sentimientos. Esto le da al gaslighter la oportunidad de hacer lo que quiera, sabiendo que su víctima permanecerá en silencio porque tiene miedo o no quiere arriesgarse a molestar al gaslighter. Como resultado, el gaslighter seguirá abusando de la víctima para ejercer su control sin que nunca se le llame la atención por sus acciones.

Proyección de Imagen Falsa

Los gaslighters suelen proyectar al mundo una imagen idealizada de sí mismos. Esto es el resultado de su baja autoestima e inseguridades. No quieren que nadie les vea como realmente son, así que ocultan su verdadero yo tras una imagen falsa. Esta imagen les da poder sobre sus víctimas, ya que la utilizan para ocultar sus inseguridades y mostrar sólo sus mejores cualidades. Esta imagen idealizada suele ser la de alguien dominante y un macho o hembra alfa. Mantienen esta imagen en todos los ámbitos de su vida, ya sea en su trabajo, en su vida personal o en su relación. Los Gaslighters que trabajan en la política y los medios de comunicación suelen crear una imagen grandiosa de sí mismos para lavar el cerebro y controlar a un grupo de personas e influir en sus opiniones y decisiones. Un ejemplo perfecto de esto es un ex presidente de los Estados Unidos. Creía que era inteligente e incluso un genio porque ganó las elecciones en su primer intento. Incluso mencionó en más de una ocasión que era una persona inteligente. Hay una razón por la que sus partidarios creen que fue el mejor presidente que ha visto este país. Se creyeron la imagen que él mismo creó.

Los gaslighters suelen verse a sí mismos como poderosos, exitosos y fuertes. Pueden ser extremadamente crueles con las personas que consideran débiles y que ven como insignificantes. Creen que estas personas se merecen su destino y a menudo se sienten orgullosos de sí mismos cuando las marginan. Para controlar a sus víctimas, los gaslighters las ven como individuos débiles, y como no sienten ninguna simpatía por ellas, esto hará que la manipulación y el control sean mucho más fáciles. Atacarán a sus víctimas sin piedad. Sus ataques pueden ser sutiles o directos. El gaslighter no tiene ningún tipo de empatía y a menudo se siente satisfecho de sí mismo cuando rompe el espíritu de alguien. Quiere que su víctima sea completamente sumisa. Con el tiempo, la imagen que crean para sí mismos se convierte en una parte vital de su identidad falsa. Se convierte en su personalidad principal, sustituyendo a su yo inseguro, que es quien realmente es. Por eso se ponen agresivos y arremeten cuando alguien critica la imagen que tanto les ha costado crear.

Violación de los Límites

Los límites te protegen de las personas tóxicas, como los que se aprovechan del gaslighters y los narcisistas. Tus límites son la forma en que le dices a la gente qué comportamiento aceptas y qué comportamiento no vas a tolerar. A los gaslighters no les gustan los límites porque les impiden conseguir lo que quieren. En lugar de respetar los límites establecidos por los individuos o las sociedades, el gaslighter los ve como un desafío que debe conquistar. Cuando un gaslighter consigue romper las reglas o violar las normas sociales, suele sentir alegría y orgullo de sí mismo. El gaslighter a menudo pone a prueba los límites para ver si consigue romper la autoestima de alguien. Un gaslighter avergonzará o humillará a sus víctimas en privado y en público, se burlará de ti o hará comentarios sarcásticos sobre ti, o utilizará un discurso de odio contra individuos o grupos. También pueden ser trolls de Internet, provocando a la gente en línea sólo para llamar la atención y sentirse superiores.

Los individuos normales respetan los límites de los demás porque no tienen el sentido de derecho que tienen los gaslighters. Violando los límites es como deshumanizan y oprimen a sus víctimas. Sin embargo, su ego y su estrecha visión del mundo les impiden ver lo irrespetuoso y dañino que puede ser su comportamiento. Los Gaslighters pueden llevar este comportamiento tan lejos como para cometer actos de acoso sexual, crímenes de odio, abuso financiero y abuso doméstico. No sienten ninguna culpa o vergüenza por sus acciones. Al contrario, a menudo se sienten orgullosos de sí mismos y de su superioridad. La falta de límites les convierte en víctimas fáciles para los manipuladores. Quieren derribar la defensa de su víctima para poder manipularla y ejercer un control total.

Invalidación Emocional

A diferencia del maltrato físico, el maltrato emocional no deja marcas en el cuerpo. Sin embargo, esto no hace que sea menos dañino; de hecho, este daño invisible es el más molesto y peligroso para la víctima. A los que hacen ruido les gusta hacer sufrir a la gente, y el abuso emocional es la forma de hacerlo. Estas personas están consumidas por la negatividad, ya sea en sus pensamientos o en sus emociones. Obtienen placer despertando el dolor emocional en sus víctimas y difundiendo su odio y negatividad. Saben que esto hará que la víctima se sienta desequilibrada e insegura, lo que, a su vez, alimenta la necesidad de poder del gaslighter. Invalidarán tus prioridades, pensamientos y sentimientos sin sentir ninguna culpa por todo el dolor y el sufrimiento que hacen pasar a sus víctimas. Como ya se ha dicho, cuando criticas o te enfrentas al gaslighter por sus errores, se pondrá agresivo y se enfadará en lugar de validar tus sentimientos. En lugar de reconocer sus errores, te culpará por sus acciones. Por ejemplo, te dirá que te gritó porque no le estabas escuchando o que se enfadó porque le provocaste.

Los gaslighters son impredecibles. Nunca se sabe cómo van a reaccionar. Tienen fuertes cambios de humor y pueden hacer una escena de una simple situación. Harán que las víctimas se sientan como si estuvieran caminando sobre cáscaras de huevo a su alrededor porque no saben cómo reaccionará el gaslighter o qué lo hará estallar. Si el gaslighter siente que estás recuperando tu poder o defendiéndote, romperá tu espíritu y bajará tu autoestima, para que pierdas tu confianza y vuelvas a estar bajo su control. Los manipuladores esperan que sus víctimas estén a su entera disposición, que estén de acuerdo con ellos en todo y que estén a la altura de sus expectativas. Si no haces lo que se espera de ti, te agitas y te vuelves agresivo. Quieren que te sientas inferior y dependiente de ellos para aumentar su ego.

Coercion

La coacción es otro rasgo que ayuda al gaslighter a controlar a los demás. Es cuando abusan física, mental y emocionalmente de sus víctimas. También aíslan a la víctima de sus seres queridos, para que no tenga a nadie más en quien confiar que el abusador. El gaslighter controla todos los aspectos de la vida de la víctima, incluyendo a dónde va, con quién sale, qué lleva y cómo pasa su tiempo. Lo hace mientras humilla constantemente y hace comentarios degradantes sobre sus víctimas. La coacción es un movimiento de poder destinado a manipular a la víctima emocionalmente. Los gaslighters no tienen la madurez emocional o la simpatía para entender las necesidades de su pareja, tener una discusión abierta sobre sus problemas, comprometerse por el bien de la otra persona, o manejar el no conseguir lo que quieren. El control coercitivo es su mejor opción. La víctima se convierte en un prisionero, y el gaslighter es el guardián de la prisión. La víctima no puede hacer nada hasta que obtenga el permiso de su agresor.

Controlar a los Demás

El objetivo principal del gaslighting es controlar a sus víctimas. Manipularán a la víctima y la harán cuestionarse y dudar de sí misma, volviéndose totalmente dependiente de su captor emocional. A medida que la víctima empieza a dudar de sí misma, pierde la seguridad y la confianza en su capacidad para tomar cualquier decisión relacionada con su vida. Esto le da al acosador la oportunidad que anhela para tener el control total y tomar decisiones que sólo le benefician a él. Tanto si el gaslighter es un político, alguien cercano a ti, o los medios de comunicación, manipulan psicológicamente la realidad de sus víctimas distorsionando la verdad para reducir su confianza y hacer que se cuestionen. Llegan a decir a sus víctimas lo que deben pensar y cómo deben sentirse. En pocas palabras, establecen reglas para que la víctima viva, y si rompe estas reglas o no está de acuerdo con el maltratador, puede enfadarse y volverse hostil. El gaslighter se enfurece y se aterroriza al ver que la víctima se hace poderosa y adquiere el control de su vida. Por eso arremete cada vez que la víctima rompe las reglas que él ha establecido.

Los "Gaslighters" son individuos extremadamente débiles e inseguros. Aunque parezcan encantadores y seguros de sí mismos por fuera, lo que hay dentro es una historia totalmente diferente. En el fondo, se sienten impotentes y saben que no pueden tener una relación normal o incluso una interacción normal sin manipulación y gaslighting. En realidad, estos individuos no tienen poder sobre ti; sólo te manipulan para que creas que lo tienen. Cuando sienten que ya no tienen el control, muestran su miedo en forma de ira. Nunca admitirán su debilidad ni te dejarán ver a través de ellos. Son muy protectores de la imagen que se han creado. Todos estos rasgos muestran lo retorcido e inestable que es un gaslighter. Son incapaces de expresarse con emociones humanas normales. Los gaslighters no pueden simpatizar, sentir el dolor de otras personas o ponerse en el lugar de los demás. Lo único que conocen es la mentira, la manipulación y el abuso emocional.

Capítulo 7

Métodos de Gaslighting

Los gaslighters son individuos muy inteligentes. Nunca serán directos ni te dirán directamente lo que quieren de ti. No esperes que un gaslighter te muestre sus cartas de inmediato. Juegan a largo plazo y se toman su tiempo para ejercer su control. Un gaslighter empezará con poco y probará sus límites primero. No quiere que sospeches de inmediato de sus intenciones ni que sientas que algo no va bien. Hay una razón por la que los gaslighters son buenos en lo que hacen y a menudo logran manipular a sus víctimas. Utilizan técnicas muy específicas, y puede ser difícil o incluso imposible que la víctima adivine que está siendo manipulada. Dado que, al principio, los "gaslighters" parecen individuos sinceros y con buenas intenciones, puede ser difícil creer que estas personas quieren hacerte daño. Sin embargo, dicen y hacen cosas con intenciones totalmente diferentes.

La intención de los métodos que utiliza el gaslighter es manipularte emocionalmente. Quieren que cuestiones tu realidad y tu cordura y que te cuestiones a ti mismo hasta que finalmente tu autoestima y tu valor personal queden completamente destruidos. Estos métodos suelen ser utilizados por narcisistas, dictadores, líderes de sectas e individuos abusivos para controlar a las personas en sus vidas y conseguir que hagan lo que ellos quieren. Los "Gaslighters" no actúan simplemente de forma imprudente, tienen una estrategia, y se toman su tiempo con ella.

Es posible que hayas oído hablar de ello en las noticias o que hayas visto a personas a las que les han lavado el cerebro. Probablemente te preguntes cómo es posible que alguien renuncie a todo lo que cree, incluida su identidad, y ceda todo el control a otra persona. Pero los gaslighters utilizan técnicas muy poderosas y eficaces para confundir y desgastar a sus víctimas. Las víctimas suelen estar indefensas y no son conscientes de lo que están sufriendo. Charles Manson e incluso el grupo terrorista Isis son algunos ejemplos de individuos que utilizan técnicas de gaslighting para manipular a las masas y aprovecharse de ellas.

Puede que no te des cuenta, pero tú o alguien a quien quieres puede ser víctima del gaslighting. Reconocer los métodos de los manipuladores te ayudará a identificar este comportamiento y a tomar las medidas necesarias inmediatamente.

Distorsión de la Realidad

Distorsionar tu realidad es una táctica muy poderosa y dañina que los "gaslighters" utilizan para hacer que sus víctimas crean sus mentiras. Esta técnica fue el concepto principal demostrado en la película "Gaslight". La esposa podía ver claramente el parpadeo de las luces, pero su marido la manipuló hasta tal punto que creyó que su realidad no era cierta, y creyó que estaba perdiendo la cabeza. Si escuchas la canción "It wasn't me" de Shaggy, probablemente pienses que es una canción divertida con un ritmo genial y una letra pegadiza. Sin embargo, vuelve a escuchar esta canción y presta atención a la letra. La canción es el ejemplo perfecto del comportamiento de gaslighting a través de la distorsión de la realidad. La letra dice: "Incluso me pilló con la cámara (no era yo), vio las marcas en mi hombro (no era yo), y escuchó las palabras que le dije (no era yo)". A pesar de que la chica lo vio engañar con sus propios ojos, lo grabó en cámara y tenía pruebas, él siguió negando que fuera él. Esta es la clásica distorsión de la realidad en la que el manipulador quiere que su víctima crea una narrativa falsa en lugar de lo que ve con sus propios ojos.

En psicología, existe un fenómeno que se denomina "efecto de verdad ilusoria". Es cuando uno cree algo que es claramente falso porque se lo han repetido una y otra vez. En pocas palabras, una persona creerá una mentira si el agresor se la repite una y otra vez. Por eso algunas personas creen en los rumores o en las noticias falsas; como se difunden ampliamente y las siguen encontrando en diferentes fuentes, las creerán, aunque la noticia parezca irracional o increíble. Si la fuente es alguien o algo familiar para ti, como un ser querido o una fuente de noticias de confianza, lo más probable es que creas lo que dicen, por ridículo que parezca. Para la mayoría de las personas, la familiaridad triunfa sobre la irracionalidad.

Un gaslighter reescribirá tu realidad y cambiará tu historia utilizando el efecto de la verdad ilusoria. Repetirá las mentiras tan a menudo que acabarán convirtiéndose en verdades que la víctima no puede negar. Con el tiempo, estas mentiras niegan tu propia experiencia verdadera, distorsionan tu realidad y te hacen cuestionar tu percepción y dudar de ti mismo.

Ejemplo

El ejemplo perfecto de este método es el marido de la película "Gaslight". No paraba de repetir mentiras a su mujer y de negar ciertos hechos, como decirle que las luces no parpadeaban. A pesar de que ella podía ver con sus propios ojos que las luces parpadeaban, creía a su marido porque él seguía repitiendo la misma mentira hasta que ella la creía cierta. Le hizo cuestionar sus percepciones y la realidad hasta que creyó que había algo malo en ella y que no debía salir de casa.

Aislamiento

Para que un gaslighter pueda controlar a sus víctimas, primero debe aislarlas de su sistema de apoyo. Aunque puede ser difícil para ti identificar el comportamiento de gaslighting cuando te está sucediendo, un amigo o familiar de confianza podría reconocer que estás siendo manipulado o sentir que algo no está bien. Recuerda que el gaslighter quiere que sólo dependas de él, así que tener a otras personas en tu vida que te apoyen o te levanten hará que sea difícil para el abusador destruir tu autoestima. Tener a tus amigos y familiares a tu lado es la peor pesadilla del gaslighter. Si un amigo se da cuenta del comportamiento manipulador del maltratador, te lo señalará y te ayudará a salir de esa relación tóxica. Por eso el gaslighter te aislará lenta y gradualmente de las personas que quieres.

El maltratador pasará la mayor parte de su tiempo contigo, por lo que no tendrás tiempo de ver a tus amigos y te dirá: "Tus amigos o tu familia no me quieren" o "Tus amigos no se alegran por nosotros". También pueden decirte mentiras sobre las personas que quieres, inventando historias de que tus amigos están celosos de ti o que no quieren verte feliz. Se negarán a asistir a cualquier reunión social contigo, como los cumpleaños de los amigos o las cenas familiares, y cuando lo hacen, pueden ser groseros con tus seres queridos. Si por casualidad sales con amigos, te llamarán cada hora y se pondrán agresivos cuando no respondas al teléfono o les envíes un mensaje de texto de inmediato. Mientras tanto, se harán pasar por la única persona en la que puedes confiar y apoyarte. El aislamiento de tu sistema de apoyo te hace vulnerable y fácil de manipular o controlar. No tendrás a nadie a tu lado que te abra los ojos ante el maltrato o te levante la autoestima cada vez que el maltratador te rompa el espíritu.

Ejemplo

Haces planes para ver a tus amigos y te hace mucha ilusión porque hace tiempo que no los ves. Se lo cuentas a tu pareja gaslighter, y te hacen sentir culpable por ello. Le darán la vuelta a la tortilla y te acusarán de no querer pasar tiempo con ellos o de que sólo te importan tus amigos. La verdad es que, de hecho, pasas la mayor parte del tiempo con tu pareja y rara vez ves a tus amigos o a tu familia. Con el tiempo, empiezas a sentirte culpable por pasar cualquier tiempo con otras personas y dedicas todo tu tiempo libre a tu pareja para complacerla.

Usar lo Que Es Querido Como Munición

Los gaslighters estudian a sus víctimas para conocer sus puntos débiles y ver qué pueden utilizar en su contra. Ya sean sus hijos, sus mascotas, su carrera, su familia, sus amigos o su identidad, el gaslighter atacará cualquier cosa o persona que sea importante para usted o la utilizará como moneda de cambio. Esta técnica puede ser muy dolorosa y dañar el espíritu y la salud mental de la víctima. Una cosa es meterse contigo, pero otra muy distinta es cuando se trata de las personas que te importan o de tu carrera. Esto puede sacudirte hasta la médula y hacer que te sientas desequilibrado, que es lo que quiere el gaslighter.

Ejemplo

Te gusta mucho tu trabajo y te esfuerzas por tener una carrera larga y satisfactoria. Tu jefe gaslighter sabe que tu trabajo es muy importante para ti. En lugar de apoyarte y ayudarte a avanzar en tu carrera, tu jefe te manipula para que te cuestiones si eres lo suficientemente bueno para tu trabajo. Tu jefe puede hacer esto dándote sólo comentarios negativos y haciéndote sentir que puedes ser reemplazado fácilmente. Su objetivo es hacer tambalear tu confianza y hacer que no seas consciente de tu autoestima.

Insultar

Uno de los objetivos de los gaslighters es destruir la autoestima de su víctima, y los insultos son un método eficaz que puede ayudar al gaslighter a lograr su objetivo. Los gaslighters sólo se sienten superiores cuando han derribado a sus víctimas y las han hecho sentir completamente inferiores. Se enteran de sus inseguridades y las sacan a relucir mediante insultos cada vez que se sienten mal. Si su víctima tiene problemas de autoestima, esto puede facilitarles el trabajo, ya que se verán fácilmente afectados por los insultos. A diferencia de una persona segura de sí misma que es consciente de quién es y cree en sí misma y en sus capacidades, una persona con baja autoestima creerá e interiorizará todo lo que el gaslighter le llame y acabará considerando sus palabras como parte de su propia identidad.

Comprende que una persona normal y sana nunca recurrirá a los insultos. Aunque el gaslighter intente hacer parecer que tiene buenas intenciones, su intención es siempre maliciosa. Puede ser un padre que sabe que te sientes inseguro con tu cuerpo y no deja de sacar tu peso en cada conversación, o tu jefe que sabe que tienes miedo al fracaso y no deja de recordártelo cada vez que pierdes un trato. Cuanto más repitan estas palabras, más fácil será para ti creerlas. El objetivo es que te sientas poco querido e indigno, para que creas que nadie te tolerará más que tu pareja o tu padre, o que ningún otro lugar te contratará, por lo que soportas el abuso.

Ejemplo

Tu ex pareja te engañó, y tu nueva pareja sabe cómo te ha afectado y te ha dejado muy insegura sobre tu aspecto. Cada vez que subes de peso o sales de casa sin maquillaje, tu pareja hace comentarios hirientes como: "¿Vas a salir de casa con ese aspecto? Pareces un vagabundo", "Maquíllate, pareces un zombi" o "¿Te vestías así cuando estabas con tu ex? Pareces diez años mayor. No me extraña que te hayan engañado". Siempre que abordes el tema de que sus palabras son hirientes, dirán que sólo estás siendo demasiado sensible, o que sólo quieren que te cuides, para no engañarte como tu ex pareja.

Bombardeo de Amor

El bombardeo de amor suele producirse en las relaciones románticas. Este método consiste en elogios, halagos, regalos y un afecto y romanticismo exagerados. A veces puede ser difícil de detectar porque quieres creer que esa persona es genuina y que lo que está haciendo es simplemente un gesto dulce porque realmente le gustas. Sin embargo, si alguien parece demasiado bueno para ser verdad, es porque realmente lo es. Esta táctica es una de las favoritas de los narcisistas. Así es como consiguen tu atención, para que finalmente caigas en sus redes y quedes bajo su control.

Dicho esto, sus "dulces gestos" no son lo que parecen y, en el fondo, puedes sentir que algo no está bien. Por ejemplo, pueden comprar un regalo caro. Esto puede parecer un comportamiento normal, pero el gaslighter se asegura de hacerte saber cuánto cuesta el regalo. Quieren que sepas cuánto gastan en ti, para que te sientas en deuda con ellos. Te recordarán continuamente todas las cosas buenas que han hecho por ti, para que, a su vez, no seas capaz de decirles que no y hagas todo lo que quieran. No es así como funcionan las relaciones normales; no se da algo y se espera otra cosa a cambio. Sin embargo, el bombardeo de amor es la forma en que los gaslighters manipulan a sus víctimas. Incluso sus cumplidos están destinados a moldearte con una imagen determinada. La etapa del "bombardeo de amor" también está destinada a confundir a la víctima. Cuando su máscara finalmente se desprende, y empiezas a verlos por lo que realmente son, te sientes confundido e incapaz de dejarlos porque recuerdas quiénes eran al principio y los "dulces gestos" y la encantadora personalidad que te mostraron cuando se conocieron.

El bombardeo de amor en cualquier relación es una bandera roja. Si sientes que están sucediendo demasiadas cosas a la vez, entonces estás en la etapa de bombardeo amoroso de ser manipulado por un gaslighter. Recuerda que las relaciones normales y saludables se mueven a un ritmo mucho más lento, para que no te sientas abrumado. Por lo general, primero se conecta con alguien, se aprende sobre el otro y luego se parte de ahí. Sin embargo, esta persona te muestra su adoración en poco tiempo. Aunque esto suele ocurrir en las relaciones románticas, el "bombardeo de amor" también puede ocurrir en otras relaciones. Alguien que acabas de conocer puede llamarte su mejor amigo, o tu jefe no para de decirte que eres su empleado favorito cuando sólo llevas tres días en la empresa.

Ejemplo

Conoces a alguien y al principio parece agradable, atento y encantador. Después de la segunda cita, te dicen que te quieren. Publican tus fotos en todas las redes sociales mientras expresan su amor eterno por ti. Te colman de un afecto físico que puede parecer excesivo y hacer que los demás se sientan incómodos cuando estás en público. Cuando les digas que bajen el ritmo, te dirán cosas como "Te quiero y no puedo evitarlo" o "Eres tan increíble y quiero mostrarle al mundo entero lo afortunada que soy".

Reúnir a la Gente en Contra de Ti

Dado que los gaslighters quieren hacer que te cuestiones tu cordura, es posible que necesiten poner a otras personas de su lado. Si te siguen diciendo que te imaginas cosas o que te estás volviendo loco, pero tus amigos o tu familia te dicen lo contrario, su plan no funcionará. Por eso el gaslighter aísla a la víctima de sus seres queridos. Sin embargo, en algunos casos, en lugar de apartarte de tu sistema de apoyo, lo volverán contra ti. Pueden decir a la gente que bebes demasiado, que tu comportamiento es errático, que estás perdiendo la cabeza o que te imaginas cosas. Incluso pueden decir cosas delante de los demás para confundirte y demostrarles que tienes un problema. El gaslighter dirá a la gente que se preocupa por ti y por tu bienestar. Fingirán que se sienten impotentes y que no saben qué hacer con su extraño comportamiento. Esto hará que los demás simpaticen con ellos, y empezarán a decirle que su forma de beber se está descontrolando o que debería buscar ayuda psiquiátrica.

Esta táctica también hará que se sienta aislado y solo, ya que todo el mundo en su vida sigue cuestionando su cordura hasta que empiece a creer que hay algo malo en ti. En consecuencia, cada vez que te quejes del maltratador, nadie de tu círculo te creerá. Ya piensan que tú eres el problema o que necesitas ayuda. Con el tiempo, empezarás a creer lo mismo, lo que facilitará que el maltratador te controle.

Ejemplo

Estás cenando con tu pareja y bebes vino con la comida. Tu pareja te dice que no bebas demasiado porque pierdes los nervios cuando lo haces. Tú pareces confundido y le dices a tu pareja que sólo tomas una o dos copas en la cena, y que rara vez te emborrachas. Te dicen que tu hermana y tu mejor amigo están de acuerdo en que tienes un problema con la bebida. Te sientes aún más confuso y decides dejar de beber del todo porque temes que tu forma de beber pueda herir los sentimientos de los demás. Sin embargo, en realidad, nunca has tenido problemas con la bebida y sólo bebes ocasionalmente. Tu pareja le contó a la gente de tu vida una historia diferente que les hizo preocuparse por ti.

Es un error creer que eres inmune al comportamiento de gaslighting. Probablemente hayas leído todas estas tácticas y hayas pensado que esto sólo puede ocurrirle a personas débiles o que eres demasiado inteligente para caer en este tipo de manipulación. Sin embargo, no es una exageración decir que algunos gaslighters son genios y son realmente buenos en lo que hacen. Todas estas tácticas se llevan a cabo gradualmente y a lo largo del tiempo. No importa lo inteligente o consciente que seas, puedes caer en sus trucos. Como se toman su tiempo, es posible que no te des cuenta de lo que está pasando hasta que sea demasiado tarde y hayas caído presa de su manipulación.

Todo su propósito es confundirte para que no seas capaz de resistirlos. Sentirás que esto no te está sucediendo y que estás viviendo en una zona crepuscular. Nada se siente bien o real, pero no sabes qué hacer al respecto. Te desgastarán, agotarán tu energía y te harán sentir solo. Sin embargo, hay formas de protegerse del gaslighting y de plantarles cara. Puedes salvarte a ti mismo, que es lo que aprenderás en el siguiente capítulo.

Capítulo 8

Cómo Evitar a los Gaslighters

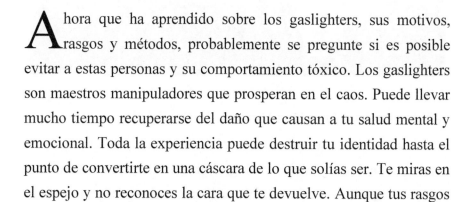

Ahora que ha aprendido sobre los gaslighters, sus motivos, rasgos y métodos, probablemente se pregunte si es posible evitar a estas personas y su comportamiento tóxico. Los gaslighters son maestros manipuladores que prosperan en el caos. Puede llevar mucho tiempo recuperarse del daño que causan a tu salud mental y emocional. Toda la experiencia puede destruir tu identidad hasta el punto de convertirte en una cáscara de lo que solías ser. Te miras en el espejo y no reconoces la cara que te devuelve. Aunque tus rasgos son los mismos, algo es diferente. Esto es lo que te hace el gaslighting, pero todavía es posible salvarte y encontrar el camino de vuelta a tu antiguo yo.

Señales De Que Eres Una Víctima de Gaslighting

Si todavía no estás seguro de si te están haciendo gaslighting o no, entonces, en lugar de mirar al gaslighter y su comportamiento, mírate a ti mismo. Podrás sentir el impacto del gaslighting en tu salud mental y emocional. En el fondo, sientes que algo no está bien. Si eres una víctima, siempre te sentirás confundida y ya no sabes qué es real y qué no. Tu vida parece surrealista y fuera de control. Te sientes impotente y no sabes qué hacer para volver a la normalidad. Recuerda que tu trabajo, tu familia, tus amistades y tus relaciones deberían hacerte sentir mejor contigo mismo o, al menos, no hacerte sentir peor. Sin embargo, si alguien en tu vida te deja confundido, frustrado y agotado después de cada interacción, deberías cuestionar sus intenciones.

Ciertas señales a las que debes prestar atención te ayudarán a determinar si eres víctima del gaslighting.

Dudas Sobre Sí Mismo

Es normal experimentar dudas sobre uno mismo de vez en cuando. Incluso las personas más seguras e inteligentes dudan de sí mismas en alguna ocasión. Sin embargo, si el sentimiento es lo suficientemente persistente como para ser abrumador, puede ser víctima del gaslighting.

Cuestionarse a Sí Mismo

Puedes tener desacuerdos o peleas con personas en tu vida. A veces pueden estar en el error, y hay momentos en los que tendrás que confrontar tus acciones para ver si están dañando a los demás. Sin embargo, si siempre te encuentras en el error mientras la otra persona se hace la víctima, entonces algo no está bien aquí. Cuando te enfrentes al gaslighter, acabarás sintiéndote confuso, dudando de ti mismo y cuestionando tu cordura. Si no confías en ti mismo o en lo que recuerdas de ciertos eventos, puedes cuestionar a la persona que te hace sentir así en lugar de cuestionar tu cordura.

Baja Autoestima

Nadie debería hacerte sentir menos o recordarte tus inseguridades sólo para sentirse bien con ellos mismos. Si últimamente te sientes menos seguro de ti mismo, es hora de hacer una introspección para preguntarte quién o qué te hace sentir así. La gente no debería sacar a relucir tus inseguridades o recordarte tus errores del pasado en conversaciones normales. No es un comportamiento saludable.

Sentirse en el Filo de la Navaja

Vivir con una persona que te acosa con gas puede hacer que te sientas como si estuvieras viviendo en el filo de la navaja. Se trata de alguien que te ha convencido, a ti y a los demás, de que estás perdiendo la cabeza y te ha hecho cuestionar tu juicio y tus percepciones. Como resultado, sientes que te tambaleas y ya no te sientes normal.

Angustia Emocional

Al ver que los gaslighters aíslan a sus víctimas o ponen a las personas de su vida en su contra, acabarás sintiéndote solo y emocionalmente angustiado. Los cambios de humor, la ansiedad, el miedo, la presión arterial alta, las palpitaciones e incluso la depresión son señales de que estás angustiado. Recuerda que las relaciones normales no deberían hacerte sentir así.

Poner Excusas

¿Siempre estás excusando a tu pareja, hermano o padre ante las personas de tu vida? Dado que los gaslighters nunca admitirán sus acciones ni se disculparán por su comportamiento, te encontrarás poniendo excusas por ellos o mintiendo en su nombre. Mentir a tus seres queridos puede resultar agotador y alejarte de ellos, que es precisamente lo que quiere el gaslighter.

Pedir Disculpas Constantemente

Si en cada discusión o pelea con alguien acabas diciendo "lo siento", entonces estás tratando con un gaslighter. Te encontrarás disculpándote, aunque no hayas hecho nada malo, pero sólo quieres mantener la paz y evitar enfadar a la otra persona. No tiene sentido que todos los problemas sean culpa tuya. Esto significa que alguien te está manipulando para evitar que asumas la responsabilidad de tus actos.

Caminar sobre Cáscaras de Huevo

Caminar sobre cáscaras de huevo y sentir miedo de que puedas decir o hacer algo incorrecto y enfadar a alguien no es una forma de vivir tu vida. Esto significa que el gaslighter te ha hecho creer que algo está mal en ti. Te encontrarás viviendo tu vida sólo para hacer feliz a esta persona, aunque sea a tu costa. Vivir con miedo y negación no es normal, y nadie debería obligarte a vivir así.

¿Quién Soy?

¿Te sientes tú mismo? ¿Sientes que has perdido el control de tu vida? ¿Hay alguien en tu vida o en tu relación que se siente mal, pero no puedes señalar una razón exacta? Todas estas son señales claras de que eres víctima del gaslighting. No importa lo fuerte, seguro de sí mismo o inteligente que seas; puedes perderte ante un gaslighter. La señal más obvia **de que eres una víctima del gaslighting es que te sientes diferente a ti mismo.**

Qué Hacer

Si crees que eres víctima del gaslighting, hay cosas que debes hacer para salir de esta situación. Una de las cosas más comunes que hace el "gaslighting" es hacer que cuestiones tu memoria y reemplazarla con una narrativa falsa. En lugar de tomar lo que dice el gaslighter al pie de la letra o pelear con él, puedes simplemente decir que, claramente, ambos tenéis recuerdos diferentes de los hechos, por lo que no hay necesidad de tener una discusión o un debate al respecto. Esto evitará que el gaslighter controle la narrativa o te haga dudar de ti mismo. Mantenerte firme sin señalar a nadie ni permitir que te haga sentir culpable puede ser tu mejor opción en este caso.

Otra cosa que hace el gaslighter es que nunca reconoce o valida tus sentimientos. No permitas que nadie te diga cómo debes sentirte. Mantente firme y sé fiel a tus sentimientos. Dile al gaslighter que, aunque no sienta lo mismo, no puede dictarte cómo debes sentirte. Comprende que no hay nada malo en los sentimientos que experimentas y hazlos tuyos.

El gaslighter puede hacer que te cuestiones cosas sobre ti mismo. Por ejemplo, puede decirte que tienes un problema con la bebida o que exageras las cosas porque te gusta el drama. De nuevo, no aceptes lo que te dicen al pie de la letra. Habla con tu círculo de confianza y cuéntales lo sucedido. Pide su opinión y comprueba si refuerzan tu percepción. Hablar con alguien de confianza puede ayudarte a validar tus sentimientos y a distinguir entre lo que es real y lo que no. Tener personas de confianza en tu vida puede darte el apoyo que necesitas. No permitas que nadie te aísle de tus seres queridos.

Cómo Dejar de Ser Manipulado por un Gaslighter

Reconocer el Comportamiento de Gaslighting

Lo primero que debe hacer para detener la manipulación es reconocer que está ocurriendo. La información proporcionada en este libro es un buen comienzo. Lo segundo que debes tener en cuenta son ciertas frases como:

- Eres demasiado sensible

- Eres demasiado dramático

- Se inventa las cosas

- Estás exagerando

- Está loco. Esto nunca ha sucedido

Reconocer el comportamiento de gaslighting es clave para ayudarte a romper el ciclo de abuso.

Llevar un Diario

Como se ha mencionado, el gaslighter quiere hacer que te cuestiones a ti mismo y a tu cordura. Llevar un diario y anotar tus interacciones con él y tu recuerdo de los acontecimientos te ayudará a proteger tu verdad. Acostúmbrate a consultar tu diario cada vez que el gaslighter te haga cuestionar tu percepción, te proporcione una narrativa falsa o te haga sentir que estás perdiendo la cabeza. Esto también te ayudará a mantener la confianza en ti mismo y a dejar de dudar de tu cordura.

Sé Desafiante

Confía en tu historia y en tu recuerdo de los hechos. No permitas que reescriban tu historia, diga lo que diga el gaslighter. A estas alturas, eres consciente de sus tácticas y sus intenciones, así que sé desafiante y confía en tu versión de la realidad. Conoce tu verdad, resiste y no permitas que alteren los acontecimientos. Puede que te llamen difícil sólo porque decides resistirte, pero tú sabes lo que son y permaneciendo desafiante es como te protegerás.

Conoce Tu Propósito

Mantener una conversación con un "gaslighter" puede ser agotador y agotador. Estas personas no sólo son expertas en la manipulación, sino que tratan cada conversación como una victoria o una derrota. Conocer tu propósito antes de tener una conversación con un gaslighter hará que la conversación sea sencilla. Te desviarán y distraerán, así que ten en cuenta de antemano los puntos principales de los que quieres hablar. Recuerda que los gaslighters son mentirosos que nunca reconocerán o validarán tus sentimientos, así que no esperes esto de ellos. Cuando conozcas tu propósito, te mantendrás centrado en el tema que estáis discutiendo y evitarás que lleven la conversación en otra dirección.

Terminar la Conversación

Puede que entres en la conversación sabiendo tu propósito, pero el gaslighter utilizará sus tácticas manipuladoras. Te encontrarás dando vueltas en círculos, sin poder zanjar las cosas, e incluso te darás cuenta de que la conversación ha tomado una dirección completamente diferente a la que querías. Si ves que todo lo que dices cae en saco roto y el gaslighter insiste en minimizar tus sentimientos o en distorsionar tu realidad, entonces simplemente aléjate de la conversación. Recuerda que tú eres tu propia persona y tienes la libertad de abandonar una conversación que no lleva a ninguna parte. Terminar una conversación también evitará que el gaslighter te siga manipulando y te haga dudar de ti mismo o cuestionar tu cordura.

Como se ha mencionado, los gaslighters son individuos muy inteligentes. Superar a un gaslighter no es tan fácil como crees. Sin embargo, la mejor manera de lidiar con ellos es desconectarse y terminar la conversación. Incluso si tratas la conversación como una investigación y aportas pruebas, el gaslighter seguirá negando y desviando la atención. Son profesionales, y a veces puede ser difícil ganar con ellos. Termina la conversación y simplemente aléjate.

Dígales Cómo Se Siente

No todos los que ejercen el gaslighter son conscientes de su comportamiento. Tener una conversación con ellos sobre sus acciones y cómo te hacen sentir puede ayudar. Explícales su comportamiento tóxico y dales incidentes específicos de cómo sus acciones te hicieron sentir. Esto sólo funcionará si el gaslighter no sabe lo que está haciendo y no tiene malas intenciones. Es posible que quieran obtener ayuda y cambiar su forma de actuar para dejar de herir y abusar de las personas que les importan.

Sin embargo, si se resisten y desvían la atención, entonces son conscientes de lo que están haciendo, y esta conversación será inútil. Esto es especialmente cierto si el gaslighter es también un narcisista. En este caso, mantener una conversación sobre tus sentimientos con ellos no te llevará a ninguna parte, te agotará y te hará sentir peor. Así que dale una oportunidad y dile cómo te sientes, pero si recurre a sus típicas formas de manipulación, aléjate.

Deja

Puedes intentar todo con el gaslighter, pero nada cambia. El daño causado por el gaslighting es grave. Tu salud mental, quién eres, tus relaciones y todo lo que amas de ti mismo es vulnerable al ataque. La mejor opción en estas circunstancias es considerar seriamente la posibilidad de dejar al gaslighter. Si el gaslighter es tu pareja, termina la relación con ella. Algunos gaslighters tienen rabietas espantosas cuando están enfadados. Eso puede ponerte en peligro. Terminar la relación pondrá fin al ciclo de abuso y te protegerá del peligro. Este paso va a ser duro, especialmente si estás enamorada de ellos, pero puede ser lo mejor para tu bienestar. Si el gaslighter es un padre o un miembro de la familia, con quien será difícil cortar el contacto, entonces limita tu contacto con ellos y establece límites saludables. Si el gaslighter es un amigo, entonces corta con él o establece límites con él, y si es tu jefe, considera buscar un nuevo trabajo.

Los Efectos de Ser Víctima de Gaslighting

Ser víctima del gaslighting tiene efectos a corto y largo plazo. Los efectos a corto plazo suelen ser sutiles porque te ocurren al principio de tu relación con el maltratador. Es la etapa en la que sus tácticas de manipulación son pequeñas, y las disimula como bromas o finge que está realmente preocupado por ti. Los efectos a corto plazo incluyen sentirse tenso, irritable, incapaz de concentrarse y frustrado como resultado de las constantes peleas o discusiones. También habrá amigos o familiares que se acerquen a ti preocupados por tu bienestar.

Los gaslighters juegan a largo plazo, y cuanto más tiempo pases con ellos, más graves serán los efectos. Como resultado de la distorsión de su realidad y del cuestionamiento de su cordura, empezará a creer que tiene un trastorno mental. Naturalmente, esto afectará a su salud mental. Empezarás a sentirte constantemente ansioso, y seguirá empeorando. Tu vida no será tuya, ya que dependerás del gaslighter para todo, y estarás bajo su control. Esto te llevará a sentirte deprimido y aislado de tus seres queridos. En algunos casos graves, el gaslighting puede llevar al abuso físico y a la violencia doméstica.

También experimentarás:

- Inseguridad

- Dudas sobre sí mismo

- Baja autoestima

- Ansiedad

- Traumatismos

- Síntomas de TEPT

- Depresión

Como Establecer Límites

Estableciendo límites es como puedes protegerte de las personas tóxicas. Tus límites te protegerán y te ayudarán a cuidar de ti mismo y de tu bienestar. Son necesarios, especialmente si tienes que interactuar con una persona tóxica.

Identifica Tus Límites

Identificar tus límites te ayudará a establecer qué tipo de comportamiento no tolerarás bajo ninguna circunstancia. Esto te permitirá saber que no aceptarás ciertos comportamientos y te alejarás si los demás no respetan tus límites. También iniciará el largo proceso de recuperar su confianza.

Comunica Tus Límites

Identifica tus límites y comunícalos de forma clara y tranquila. Respira hondo y di simplemente a los demás qué comportamiento no vas a tolerar. Recuerda que no le debes una explicación a nadie y que no necesitas dar excusas de por qué te sientes así. Así que no te pongas a la defensiva, ni des demasiadas explicaciones, ni señales de culpabilidad. Es fundamental que mantengas la calma, sobre todo si el gaslighter acaba de provocarte. Manténgase en el punto y concéntrese en comunicar sus límites en lugar de sus sentimientos hacia el gaslighter.

Medios de Comunicación Social

Las redes sociales carecen de límites. No hay privacidad, y la gente comparte detalles íntimos sobre sus vidas, dando a otros la oportunidad de comentar sobre sus vidas o intimidarlos. Establecer límites en las redes sociales no sólo te protegerá de los gaslighters, sino que también protegerá tu salud mental, ya que las redes sociales pueden ser un lugar tóxico. Deja de ser amigo, de seguir o de silenciar a cualquier persona en las redes sociales que intente traspasar tus límites.

El Cambio Lleva Tiempo

No esperes que la persona que te acosa empiece a respetar tus límites de inmediato. Le va a llevar algún tiempo entender por qué has puesto esos límites y adaptarse. Sin embargo, mantén la firmeza de tus límites y deja claro que no son negociables.

Falta de Respeto a los Límites

A los gaslighters les gusta poner a prueba y violar los límites de otras personas; es lo que alimenta sus necesidades. Espere que no respeten sus límites, así que prepárese para tomar medidas de inmediato. En primer lugar, decide cuáles de tus límites son esenciales y no negociables y cuáles no. Puede que haya cosas en las que puedas transigir, así que decide qué estás dispuesto a aceptar. Sin embargo, esta es tu decisión. No te comprometas porque alguien espera que lo hagas; comprométete porque quieres hacerlo. Tus necesidades son importantes. No te comprometas en cosas que complacen a los demás a costa tuya. Cuando se trate de tus límites no negociables, mantente firme en ellos y deja claro que nada de lo que haga o diga el gaslighter te hará cambiar de opinión.

Algunas personas no aceptarán tus límites, sin importar lo que digas o hagas. Esto puede ser difícil de aceptar, pero tendrás que decidir si quieres a esa persona en tu vida o no. En este caso, tendrás que dejar de interactuar con el gaslighter.

Cómo Dejar de Interactuar con el Gaslighter

Como se ha dicho, a veces tu única opción es dejar al gaslighter. Puedes limitar tu contacto con él o cortarlo. Comprender que limitar o interrumpir tu contacto no es cruel, aunque el gaslighter te haga sentir así, es crucial para el éxito de tus primeros pasos hacia la libertad. Lo haces para protegerte. Algunos amigos o miembros de la familia pueden hacer que te sientas culpable para que te pongas en contacto con el gaslighter, especialmente si es un padre o un miembro de la familia con el que tienes que cortar. No entienden por lo que has pasado y lo vital que es esta elección para tu protección. No escuches a nadie que no conozca tu historia ni permitas que te haga sentir culpable o te presione para que hables con el gaslighter por última vez. Ya has dicho todo lo que querías decir y has mencionado lo esenciales que son tus límites, pero no te han escuchado, así que tener otra conversación es inútil.

Bloquéalos en todas las plataformas de medios sociales, deja de responder a sus llamadas y no asistas a los eventos a los que te inviten. Es posible que te envíen mensajes a través de amigos o que les pidas que te ayuden a volver a estar juntos. Sé firme y dile a tus amigos o familiares que no volverás a hablar de esa persona. Si sacan el tema del gaslighter, vete, para que sepan que vas en serio. Recuerda que el maltratador no te dirá nada nuevo, y que todas sus palabras son mentiras, y todas sus promesas son vacías.

Naturalmente, habrá momentos en los que tendrás la tentación de hablar con ellos o responder a sus llamadas, especialmente si se trata de alguien a quien aprecias o con quien tienes una historia. Habla con tus seres queridos sobre cómo te sientes, y ellos estarán más que contentos de recordarte lo mal que estaban las cosas y que ahora estás mejor.

No se puede negar lo tóxico que es el gaslighting, pero hay una salida. No dudes en limitar tu contacto con el gaslighter o cortar con él si es necesario. Haz que tu salud mental y tu bienestar sean una prioridad y adopta una postura contra el comportamiento tóxico.

Capítulo 9

Escapar de la Manipulación

Ahora que has aprendido todo lo que necesitas saber sobre los diferentes tipos y tácticas de la psicología oscura y el gaslighting, es el momento de averiguar cómo protegerte. Este capítulo te explicará cómo puedes escapar de la extensión del gaslighting -la manipulación- luchando contra ella y protegiéndote de ella. Luego, aprenderás a establecer límites personales saludables.

Lucha Contra la Manipulación

Enfrentarse a un manipulador no es lo más fácil. Se cuidan mucho de que no te des cuenta de sus tácticas. Afortunadamente, hay algunos juegos psicológicos que tú también puedes llevar a cabo para combatir eficazmente la manipulación.

Cierra Cualquiera Vía de Entrada

El primer paso para defenderse de cualquier manipulador es cerrar todas las puertas de entrada. En otras palabras, no les des una vía de entrada. En la mayoría de los casos, un manipulador utilizará una situación concreta como palanca para aprovecharse de ti siempre que lo necesite. Por ejemplo, pueden hacerte un favor, y aunque nunca lo hayas pedido, pueden conseguir que hagas algo que no quieras hacer después. Pueden ofrecerte un trabajo, invitarte a cenar o hacerte un regalo. De este modo, cuando te pidan que cuides a su hijo o les sustituyas en el trabajo, no podrás decir que no. La situación es diferente de una persona a otra. Así que tómate el tiempo necesario para pensar en los motivos, las herramientas o las tácticas de tu manipulador. Hagas lo que hagas, no caigas en sus trucos. Rechaza la entrevista de trabajo que te han ofrecido, explica que tienes planes para cenar o devuelve el regalo que te han hecho.

Utiliza Su Nombre

¿Sabías que llamar a alguien por su nombre puede hacer más agradable su trato? También facilita el entendimiento entre las personas. Aunque no consigas quitárselo de encima por completo, dirigirse a su manipulador por su nombre puede hacer que sea más amable en general. Si tiene apodos, asegúrate de utilizar la versión de su nombre que más le guste.

Hacer Contacto con los Ojos

Este truco psicológico puede ayudarte a sacarlos de su juego. Si ya has tratado con un manipulador, sabrás que un simple "no" no siempre es suficiente. Saben cómo conseguir lo que quieren y no se conforman hasta salirse con la suya. Pero no te preocupes. Estarás bien siempre que les mires a los ojos y te mantengas firme. Los manipuladores tienen una mirada fuerte e intensa. Es uno de sus juegos. Así que gánales la partida y mantén el contacto visual hasta que se sientan incómodos.

Cambia la Atención Hacia Ellos

Los manipuladores son expertos en hacerse las víctimas. También saben cómo darle la vuelta a la tortilla y echar la culpa a los demás, por lo que nunca esperan que se les cuestione en absoluto. Lo único que hay que hacer para despistar a un manipulador es hacerle una simple pregunta, poniendo a prueba sus intenciones. ¿Te piden a menudo tu opinión y luego te hacen sentir tonto por hablar? Si es así, puedes preguntarles si realmente les interesa lo que tienes que decir, ya que parece que te preguntan sólo por preguntar. También puedes preguntarle si seguirá apoyándote o manteniendo una comunicación sana si tus opiniones o decisiones son diferentes a las suyas. Si el manipulador con el que tratas suele hacerte sentir culpable si no sigues sus consejos o haces las cosas que te pide, puedes preguntarle si realmente cree que lo harías aunque debe darse cuenta de que no es lo mejor para ti. También ayuda que les des a probar su propia medicina. La próxima vez que tu compañero de trabajo te pida que hagas sus tareas por él, puedes decir: "¡sólo si haces (una tarea) por mí mañana!". Probablemente no volverán a pedírtelo.

Reiterar Hasta Que Lo Entiendan

¿Has intentado alguna vez repetir una frase una y otra vez a un manipulador? Si es así, sabes que es una forma segura de frustrarles, especialmente cuando no es algo que desean escuchar. Es posible que su reacción te haya llevado a evitar hacerlo, incluso cuando se niegan a entenderte. Sin embargo, repetir la misma frase en un tono monótono y sin emoción va a llegar a ellos. No hace falta que pienses en una frase larga que te obligue a explicarte. Puede ser algo tan sencillo como "no quiero", "no voy a tener esta conversación" o "no voy a hacerlo". Lo más importante es que te asegures de mantener tus emociones bajo control. No tengas ninguna emoción y mantén el mismo tono. Debes hacer que parezca que no te importa.

No Permita Que Hagan Generalizaciones

Una de las razones por las que los manipuladores tienen éxito es que saben filtrar "generalizaciones" en las conversaciones. ¿Alguna vez te has sentido culpable o avergonzado porque te han señalado con el dedo y te han dicho: "¡siempre haces esto!" o "¡siempre te comportas así!". Ellos pueden tener la culpa y aun así conseguir que la culpa recaiga sobre ti. Por ejemplo, pueden sacar de contexto tu voz un poco más alta o tu "reacción exagerada" y decirte que siempre eres dramático, y que por eso "nunca pueden comunicarse contigo". Digamos que entregas una tarea media hora más tarde de lo que debías. Tu jefe te llama la atención por no entregar nunca las cosas a tiempo, aunque sea la primera vez. No permitas que los manipuladores generalicen comportamientos o reacciones como éstas. En lugar de enfadarte o frustrarte, que es algo que también utilizarán en tu contra, puedes pedirles con calma que te den ejemplos de otras veces en las que hayas actuado así.

Utiliza el Poder de la Imaginación

Si alguien te está manipulando, lo más probable es que quiera frustrarte lo suficiente como para llevarte a una reacción indeseable. Podrán echarte la culpa a ti cuando te enfades, levantes la voz o digas algo que de otro modo no dirías. Aunque al principio pueda parecer una tontería, esta técnica de distracción y relajación nunca falla contra alguien que intenta manipularte. Imagina que un enorme acuario con paredes muy gruesas se interpone entre tú y esa persona. No puedes oír nada de lo que tiene que decir. Puedes ver cómo se mueven sus labios, cómo cambian sus expresiones faciales y cómo agitan sus manos. Todo el sonido está bloqueado, así que no tienes ni idea de lo que están diciendo ¡Siéntete libre de hacer algunas bromas mentales al respecto!

Mantén Tu Espacio Personal

Las personas manipuladoras no respetan los límites físicos. Se acercarán a ti más de lo que te gustaría. Puede que te toquen la mano o te den una palmadita no solicitada en la espalda o en el hombro. Si quieres mantener tu espacio privado (que es lo que debes hacer, sobre todo cuando tratas con un manipulador), da un par de pasos atrás cada vez que se acerquen a ti. Esto te ayudará a mantener el espacio entre vosotros y a evitar el contacto físico. Los manipuladores saben que, por lo general, es más probable que digamos "sí" cuando hay poco espacio personal o cuando se ha establecido un contacto físico. Si te cuesta mantener una distancia segura entre tú y tu manipulador, puedes insistir en discutir todos los asuntos importantes por medio de un texto, una llamada telefónica o una reunión en línea. De este modo, no te sentirás presionado para ceder a sus peticiones. Esto funciona mejor en el mundo profesional.

Practicar el Autoconocimiento

Las tácticas de manipulación tienen éxito cuando el manipulador consigue hacerte sentir culpable. Esta es una rama muy común del conjunto de habilidades de gaslighting/manipulación. Tomemos un fenómeno social muy común. Cuando los padres se hacen mayores, a menudo se sienten abandonados. Empiezan a quejarse a sus hijos de su salud y de lo solos que se sienten. Cuando esto ocurre, los hijos empiezan a sentirse culpables por haber dejado atrás a sus padres. Acaban descuidando sus trabajos, obligaciones y sus propias familias para estar cerca de sus padres. Si una persona empieza a hacerte sentir culpable, tómate un momento para comprobarlo contigo mismo antes de estar automáticamente de acuerdo con su opinión sobre ti. Imagina que tú eres el niño en esta situación. ¿Con qué frecuencia visitas a tus padres? ¿Los llamas a menudo y te aseguras de que tienen todo lo que necesitan? ¿Has hecho algo que demuestre lo contrario de lo que dicen? Si es así, no debes sentirte culpable.

Cómo Protegerte de la Manipulación

La manipulación está en todas partes. Nos manipulan y nos lavan el cerebro para que apoyemos a determinados políticos, compremos productos que no necesitamos realmente, hagamos cosas por nuestros amigos y familiares, realicemos determinadas tareas en el trabajo, etc. Es probable que incluso hayas manipulado involuntariamente a alguien para salirte con la tuya alguna vez. Es una táctica muy común, por lo que debemos aprender a protegernos de ella.

Sintoniza con Tus Sentimientos

A veces puede ser difícil detectar la manipulación. Si sospechas que alguien está tratando de manipularte, prestar atención a tus sentimientos puede ser un indicador clave para saber si alguien está tratando de aprovecharse de ti. A menos que el proceso de manipulación se desarrolle de forma subconsciente, lo cual es muy poco probable, al menos te sentirás incómodo al tratar con esa persona. ¿Notas que te pones a la defensiva a pesar de que va en contra de tu naturaleza? Quizá te sientas inusualmente culpable, enfadado, frustrado o avergonzado. ¿Te hacen sentir que estás haciendo algo mal? Da un paso atrás y procesa la situación objetivamente. No es normal sentirse incómodo al hablar con alguien. Suele ser una señal de alarma de que algo no va bien. Una vez que seas consciente de que te están manipulando, puedes empezar a contraatacar.

Sea un Oyente Activo

Las personas practican técnicas de manipulación y tácticas de gaslighting cuando quieren que los demás estén de acuerdo con ellos y entiendan sus puntos de vista. Ser un oyente activo te permitirá captar plenamente lo que están diciendo y construir un argumento, una opinión o una respuesta sólidos. Ser un oyente activo también te permite establecer una sensación de confianza, que es algo que necesitas en esta situación. Asegúrate de ser un oyente objetivo. Esto significa que no debes permitir que lo que están diciendo influya en absoluto en tu perspectiva. Dale una de las cosas que quiere (escucharle y entender sus motivos) sin permitir que se aproveche de ti. Esto debería satisfacerles y darte tiempo para presentar tu propia perspectiva basándote en lo que han dicho.

Mantener una Posición Firme

Mantenga una postura firme, algo que se conoce como control del marco. Esto significa que debes crear una perspectiva totalmente novedosa y personal basada en tus creencias, valores y experiencia. Debes estar plenamente convencido de que tu punto de vista es tan importante y válido como el de tu manipulador (o el de cualquier otra persona). Mantente firme y mantén tu opinión y tu voz, incluso cuando te desafíen con una perspectiva diferente. Puede que te sientas obligado a darles la razón sólo para acabar con la discusión, para complacerles o para salir como el bueno de la historia. Sin embargo, recuérdate a ti mismo que esto sólo les animará a hacer lo mismo una y otra vez. Muy pronto, te minarán la confianza en ti mismo, tu autoestima, tu sentido de la identidad y tu identidad.

Tienes que mantenerte fiel a ti mismo y a todo aquello en lo que crees. Si te sientes abrumado por la situación, da un paso atrás y observa. Pídeles que continúen la conversación en otro momento, y aléjate y tranquilízate cuando sientas que están empezando a afectarte. Un manipulador puede confundirte intencionadamente, para que pierdas de vista tu propia postura. En ese caso, dile que necesitas tiempo para asimilar y pensar en lo que está diciendo.

Reflexionar sobre Sus Palabras y Validar Su Argumento

Los manipuladores quieren asegurarse de que se les escucha y se les entiende muy bien. Hacer una pausa para reflexionar sobre sus palabras antes de parafrasear lo que han dicho les demuestra que les entiendes. Diles que crees que tienen buenos motivos, lo cual es cierto en muchos casos. La mayoría de los manipuladores no son necesariamente malévolos. No quieren hacerte daño, sino que quieren influir en tus opiniones, perspectivas y acciones. Muchas personas ni siquiera son conscientes de sus propias tendencias manipuladoras. No se dan cuenta de que la forma en que se comunican con la gente, especialmente cuando piden favores o presentan una idea o punto de vista, se considera manipuladora. Esto requerirá mucha tolerancia y trabajo por su parte, ya que si no creen de verdad que pueden no ser malintencionados, se pondrán inevitablemente a la defensiva. Esto hace que sea más difícil ganar una discusión contra un manipulador.

Presenta Tu Caso

Tómate un momento para pensar en esto: ¿el manipulador conoce siempre tu punto de vista? Cuando somos conscientes de que podemos estar tratando con una persona manipuladora, a menudo nos olvidamos de presentar nuestra posición adecuadamente. Estamos demasiado ocupados tratando de protegernos, olvidando que tal vez la otra persona realmente no sabe cuál es nuestro punto de vista. Evita ser crítico con lo que dicen. Tampoco les culpes de nada. Simplemente explica tu punto de vista, y si no están dispuestos a aceptarlo, pregúntales si pueden dejarlo así. Es bueno "estar de acuerdo con el desacuerdo". Mantén un diálogo abierto en el que ambos podáis decir lo que pensáis sin miedo a ser atacados. Si intentan manipularte para que veas las cosas a su manera, recuerda mantenerte firme o apartarte de la conversación. Recuerda que tienes una opción, ya sea decidir estar de acuerdo con la otra persona o mantener tu perspectiva. Enfrentarte a un manipulador no sólo te hace ganar el respeto de los demás (incluido el suyo), sino que también te ayuda a aumentar tu autoestima, que es una de las mejores cosas que puedes hacer por ti mismo.

Cómo Establecer Límites Personales Saludables

No puedes escapar de la manipulación si no tienes unos límites personales saludables. Los límites personales son un conjunto de reglas que establecemos para nosotros mismos y que vivimos en todas nuestras interacciones. Nos ayudan a protegernos y a mantener nuestra energía. Evitar o alejarse de las conversaciones y situaciones que nos hacen sentirnos incómodos, decir "no" a las cosas que no nos apetecen hacer y posponer los planes o compromisos cuando no nos sentimos bien son ejemplos de límites personales. Estas reglas guían incluso la relación que tenemos con nosotros mismos. Por ejemplo, nuestros límites personales pueden incluir el abstenerse de hablar negativamente de uno mismo y tomarse regularmente tiempo para nosotros. Los límites son la clave para crear y mantener relaciones sanas.

Asume la Responsabilidad de Tus Pensamientos Solamente

No todo el mundo estará de acuerdo contigo ni aceptará estos cambios cuando introduzcas límites claros en tu vida. Esto puede ser difícil de reconocer al principio. Sin embargo, debes recordar que no puedes cambiar los pensamientos y opiniones de los demás. Responsabilízate sólo de lo que piensas y sientes, y no te preocupes por los demás.

Haz de Tu Autocuidado Tu Prioridad

Piensa en todo lo que te hace sentir feliz, motivado y con energía, y ponlo en una lista. Asegúrate de incluir todo lo que se te ocurra, por pequeño que sea, como hacer sonreír a un desconocido o dar un paseo por la naturaleza, hasta cosas más grandes como ir de vacaciones. Haz esta lista tan larga y variada como puedas. Cuando hayas terminado, promete que harás al menos una de las cosas de tu lista diariamente.

Confía en Que Eres Digno

Incluso si te das cuenta de que necesitas establecer y mantener límites personales, puede que te estés negando inconscientemente el permiso para ponerlos en práctica. Tal vez crea que no se merece hacerlo. Tanto si te preocupa que puedas alejar a la gente como si crees que no te mereces tener reglas que guíen tus interacciones, necesitas trabajar en la construcción de tu autocompasión y autoestima. Todo el mundo merece vivir de acuerdo con sus creencias y valores. Aunque suene extraño, podría ser útil que escribieras una hoja de permiso que te permitiera establecer valores personales en tu vida y la pusieras en un lugar donde siempre pudieras verlos.

Saber que Está Bien Decir "No"

Habrá momentos en los que tendrás que decir "no" para protegerte y mantener tus límites personales. Esto puede ser muy difícil de hacer si rara vez rechazas a la gente. Nos han educado para pensar que decir "no" nos convierte automáticamente en irrespetuosos o desagradables. Nadie nos ha enseñado que está bien decir "no" cuando nuestros intereses y nuestra salud mental, emocional y física están en juego. Está bien decir "no" incluso cuando no estás realmente enfermo o tienes cualquier otra excusa convincente. Puedes decir "no" a las peticiones simplemente porque no quieres hacerlas. Te llevará algo de práctica, pero no es imposible. Pronto te darás cuenta de que tus verdaderos amigos no te odiarán ni se enfadarán contigo por rechazarlos. No vale la pena mantener a los que lo hacen. En la mayoría de los casos, los demás respetarán tus decisiones y tu honestidad.

Date Cuenta Cuando Eres Complaciente con la Gente

Ser una persona complaciente no es algo de lo que haya que avergonzarse. Todo el mundo puede ser complaciente con la gente a veces, dependiendo de la situación o de la persona con la que esté tratando. Esta tendencia proviene de un lugar bueno y bien intencionado. Todo el mundo desea ser querido, amado y apreciado, y eso está muy bien. Complacer a la gente sólo se convierte en un problema a costa de tus creencias, valores y felicidad. No sólo altera tu sentido de la identidad y de la autoestima, sino que también puede provocar sentimientos de resentimiento en el futuro. Da prioridad a tu bienestar y ponte a ti mismo en primer lugar. Todo lo demás vendrá de forma natural, incluyendo ser simpático y ayudar a los demás. No se puede servir de un vaso vacío.

Algunas personas se ponen nerviosas cuando oyen las palabras "límites personales". Piensan que crear límites para uno mismo hace que te alejes de la gente. Sin embargo, no es así. Se trata de tomarse el tiempo necesario para reflexionar sobre lo que esperas de los demás, en función del lugar que ocupan en tu vida. Se trata de saber qué comportamiento no aceptarás nunca y de quién, y qué puedes ofrecer. Los límites son una de las formas más significativas de autocuidado. Te mantienen alineado con tus valores y te ayudan a mantener tu autoestima y tu tranquilidad. Y lo que es más importante, te permiten luchar contra la manipulación y protegerte de ella.

Capítulo 10

Persuasión Ética

La persuasión ética es un subconjunto de las tácticas de influencia y consiste esencialmente en presentar argumentos lógicos a favor de una idea, propuesta o curso de acción. Cuando se utilizan de forma ética, estos argumentos son persuasivos porque apelan a los valores de la otra persona y a las acciones que más le convienen. Por ello, los persuasores éticos creen que su objetivo estará de acuerdo con ellos después de escuchar sus argumentos lógicos.

Este capítulo explica cómo persuadir a la gente sin explotarla, distinguiendo las diferencias entre persuasión y manipulación. También obtendrás consejos sobre cómo persuadir a alguien para que haga algo sin añadirle ninguna manipulación y cómo puedes detectar y evitar que te manipulen.

¿Qué Es la Persuasión Ética?

Cuando piensa en la persuasión, ¿qué le viene a la mente? Quizá piense en vendedores que persuaden a los clientes para que compren sus productos. O quizá piense en personalidades sin escrúpulos con su propia forma de persuasión retorcida, que le hacen cuestionar sus propias motivaciones. Estos son sólo dos ejemplos de cómo se utiliza la persuasión. Es una habilidad con su propia zona gris en términos de muchas aplicaciones y usos.

Utilicemos las empresas como ejemplo. En el mundo actual no les basta con vender productos. Por el contrario, las organizaciones también deben persuadir activamente a los clientes para que realicen esas compras. En otras palabras, vender productos puede ser un ejercicio de persuasión ética. Las técnicas de persuasión ética son ventajosas para cualquier empresa u organización porque estos métodos les ayudan a conectar con su público objetivo a un nivel más personal. Si se utiliza bien, esta práctica hará que los consumidores actúen sin sentirse presionados o coaccionados. Se trata de un método de persuasión muy diferente al de la manipulación.

Esencialmente, es el proceso de una interacción entre dos personas en la que una persona intenta persuadir a la otra para que cambie su comportamiento o actitud utilizando argumentos éticos y apelando a los principios o creencias correctos. La persuasión ética se diferencia de otros tipos de técnicas de persuasión como la manipulación, la persuasión lógica o argumentativa porque no utiliza tácticas engañosas, manipuladoras o injustas.

Diferencias entre Persuasión y Manipulación

Es una parte natural del comportamiento humano querer ayudar a los demás y verlos triunfar. Por eso vemos a menudo a personas altruistas que están dispuestas a desvivirse por ayudar a los necesitados. Sin embargo, también hay quienes se aprovechan de este tipo de naturaleza. La manipulación es una forma de arte que los manipuladores utilizan para conseguir lo que quieren de los demás sin que parezca que lo están haciendo. Es un arte que implica una cuidadosa planificación y ejecución de acciones diseñadas para lograr un resultado específico. La manipulación la utilizan los estafadores, los vendedores y cualquiera que quiera algo de otra persona sin que se dé cuenta.

Por ejemplo, algunos líderes pueden verse tentados a utilizar técnicas de manipulación en lugar de métodos de persuasión ética cuando se trata de negocios. Después de todo, la manipulación es una forma rápida y eficaz de conseguir que la gente haga lo que uno quiere. Pero, como todo buen líder sabe, hay una línea que separa el uso de su poder para el bien de su uso para fines egoístas. Si alguna vez tienes dudas sobre si debes utilizar tácticas de manipulación o métodos de persuasión ética en el trabajo, aquí tienes algunos consejos útiles sobre cómo puedes distinguir entre ambos y saber cuál es la opción correcta.

¿Qué Es La Manipulación?

La manipulación es el acto de controlar a las personas o situaciones por medios engañosos o cuestionables. Suelen ser solapados y tienen como objetivo controlar una situación o a una persona de una manera que va en contra de sus intereses. Las personas manipuladoras utilizan una serie de tácticas engañosas para conseguir que hagas lo que ellos quieren. Estas técnicas se utilizan para conseguir que hagas lo que el manipulador quiere sin que te des cuenta de que te han engañado.

Estas son las técnicas de manipulación más comunes:

- **Falsa Adulación:** es cuando alguien te elogia en un intento de conseguir que hagas algo por ellos. Los falsos halagos suelen ser una forma de conseguir que bajes la guardia y te sientas positivo sobre ti mismo para que sea más probable que estés de acuerdo con ellos y hagas lo que quieren.

- **Falsa Urgencia:** es cuando alguien crea una falsa sensación de urgencia para conseguir que hagas lo que ellos quieren al instante. Esto puede ser tan simple como "tenemos que hacer esto ahora mismo" hasta escenarios más elaborados como fingir que hay un plazo importante que sólo tú puedes cumplir.

- **Falsas Promesas:** es cuando alguien hace una promesa que no tiene intención de cumplir. Esto se hace a menudo para conseguir que hagas lo que quieren ahora o en el futuro.

- **Falsas Amenazas:** son cuando alguien te amenaza con algo que no va a suceder. Esto se hace para que hagas lo que ellos quieren que hagas ahora o en el futuro.

La manipulación es cuando alguien te presiona o te engaña para conseguir lo que quiere. No es lo mismo que persuadir, influir o inspirar a alguien. Las personas manipuladoras utilizan la manipulación para salirse con la suya, a menudo a costa de los demás. A menudo proviene de un lugar de egoísmo, en el que el manipulador no se preocupa por la otra persona, sino sólo por sus propias necesidades.

¿Qué Es la Persuasión?

La persuasión es el acto de influir en otra persona para que adopte su punto de vista o realice una acción que le beneficie de algún modo. La persuasión se utiliza a menudo como estrategia de marketing para conseguir que los clientes compren su producto o servicio. Una empresa puede utilizar la "persuasión amistosa", que se parece más a una sugerencia que a un argumento de venta, o incluso amenazas veladas para convencer a los clientes.

La persuasión ética es el arte de utilizar tus habilidades de comunicación y tu influencia personal para conseguir que las personas actúen voluntariamente de una manera que beneficie a tu equipo. Los persuasores éticos no engañan a las personas para que hagan lo que quieren. En su lugar, guían a las personas a través del pensamiento lógico y las emociones positivas para conseguir que hagan lo que tiene el mejor resultado global. Porque no se trata de obligar a la gente a hacer lo que uno quiere, sino de guiarla para que tome sus propias decisiones positivas.

Estas son las técnicas de persuasión más comunes:

Cuando intentamos deliberadamente controlar o influir en el comportamiento de otras personas para que sirvan a un propósito mayor que el nuestro, somos éticamente persuasivos.

- Cuando negociamos en una reunión de equipo en el trabajo, estamos intentando dar forma al resultado para beneficiar al departamento y a la empresa en su conjunto.

- Cuando intentamos convencer a un amigo que sufre una adicción de que busque ayuda viendo las cosas desde nuestro punto de vista, estamos esperando que cambie de opinión para mejorar.

- Cuando engatusamos a nuestros hijos para que limpien su habitación, estamos tratando de inculcarles un rasgo deseable y un comportamiento saludable.

Cuando se persuade a una persona o grupo para que actúe o esté de acuerdo con tus ideas, creencias o recomendaciones, se les está persuadiendo. Se trata de conseguir que alguien haga algo, piense de una manera determinada o crea algo. Todos tenemos la capacidad de ser persuasivos en diferentes situaciones y circunstancias. Con mayor confianza y práctica, cualquiera puede dominar esta habilidad y utilizarla eficazmente en su vida personal y profesional.

Esencialmente, la manipulación y la persuasión son ambas formas de influir en las personas. Sólo que parten de intenciones distintas y tienen impactos diferentes en la persona influenciada.

¿Se Puede Persuadir con Manipulación?

Si utilizas la manipulación para intentar conseguir lo que quieres, corres el riesgo de dañar la relación entre tú y la persona a la que intentas persuadir. Pero si quieres ser persuasivo de una manera que no dañe esa relación, tienes que ser genuino al respecto.

¿La buena noticia? No hay que ser manipulador para persuadir.

La manipulación requiere el engaño y el enfoque en uno mismo. Pero si quieres persuadir a la gente sin sentirte espeluznante o manipulador, debes ser honesto y anteponer los intereses de la otra persona. La manipulación consiste en engañar a las personas para que hagan cosas que no quieren hacer. La persuasión consiste en encontrar un beneficio mutuo.

Una forma de saber si estás siendo manipulador o persuasivo es preguntarte: "¿Qué quiero que haga esta persona?". Eres persuasivo si quieres que hagan algo que realmente quieren hacer. Estás siendo manipulador si quieres que hagan algo que no quieren hacer.

Cómo Persuadir sin Manipulación

Si quieres tener éxito, tendrás que persuadir a otras personas para que hagan cosas que de otro modo no harían. Pero hay que hacerlo sin manipular a la gente y sin hacerles sentir que han sido engañados. Quieres que sientan que se les ha tratado con justicia y que están capacitados para tomar su propia decisión.

Construir una Relación de Amistad y Confianza

La forma más fácil de evitar la manipulación es construir una relación amistosa y de confianza con la persona a la que quieres persuadir. Cuando construyes una relación de confianza, estás siendo auténtico. Dejas que tu objetivo te vea a ti y a tus intenciones tal y como son realmente. No intentas engañarles ni ocultar tus intereses personales. Estás siendo genuino y poniendo los intereses de la otra persona en primer lugar.

Haz Preguntas y Conoce su Punto de Vista

Sólo se puede persuadir a las personas si se sabe lo que quieren y necesitan. Por eso, la mejor manera de persuadir a las personas es preguntarles lo que quieren. No dé por sentado que sabe lo que quieren. Deje que se lo digan ellos.

Comunica Tus Necesidades

La autodefensa consiste en defenderte a ti mismo describiendo tus experiencias personales. La autodefensa se utiliza a menudo cuando una persona necesita algo que puede ser difícil de obtener. Por ejemplo, un estudiante puede pedir a su profesor que amplíe un plazo. Puede adoptar distintas formas, como contar historias, exponer tus puntos fuertes y débiles y describir tus necesidades. Cuando utilices la autodefensa, debes empezar por explicar la situación, proporcionar el contexto y, a continuación, comunicar cómo quieres que se resuelva la situación.

Ofrezca un Valor Justo a Cambio de lo que Quieres

Si quieres persuadir a la gente para que haga algo, debes darle algo a cambio. Si quieres conseguir que alguien haga algo, haz una petición genuina. En lugar de intentar engañarle para que lo haga, hágale saber por qué quiere que lo haga y cómo le beneficiará. Hágales saber qué les aporta y demuéstreles que realmente se preocupa por sus necesidades y deseos.

Conoce a Tu Público

Si quieres conseguir que alguien esté de acuerdo contigo, investiga un poco sus creencias. Querrás asegurarte de que tus ideas encajan con sus creencias y valores.

Ten Principios

La persuasión por principios es un método que propone una idea apelando a los valores y al sentido común. Puede utilizarse para defender una idea, una línea de actuación o una propuesta política concreta. Cuando se utiliza esta técnica, se puede explicar por qué una idea concreta es importante, identificar los valores que están en juego y, a continuación, proponer un curso de acción que sea coherente con esos valores.

Esté Abierto a los Demás

Las personas manipuladoras suelen intentar convencerte de que ellos tienen razón y tú no. En lugar de intentar que alguien se sienta mal por no estar de acuerdo contigo, hazle saber que respetas su derecho a tener una opinión diferente. Esté dispuesto a discutir sus ideas con ellos y reconozca que también pueden tener algunos puntos válidos.

¿Te Importa De Verdad?

Supongamos que quiere ser más persuasivo sin manipular. En ese caso, tendrá que asegurarse de que le interesan realmente las necesidades y los deseos de las personas a las que intenta persuadir. Tendrá que demostrar que se preocupa por sus intereses y objetivos.

Se Respetuoso

Si quieres que la gente te escuche, tienes que asegurarte de que sientan que les respetas y que estás realmente interesado en lo que tienen que decir. No puedes esperar que la gente respete tus aportaciones si tú no respetas sus pensamientos y creencias. Si no respetas las opiniones de los demás, no puedes esperar que te escuchen o que tomen en serio tus aportaciones.

Reconócelos como Personas Reales

El método de reconocimiento es una técnica que presenta una idea y apela a las experiencias y éxitos pasados de la otra persona. Puedes utilizar el método de reconocimiento para defender una idea concreta describiendo cómo tu idea permitirá a los demás aprovechar sus puntos fuertes y sus éxitos pasados. Puedes utilizar el método de reconocimiento en varias situaciones, como las negociaciones, la resolución de problemas y la toma de decisiones.

Ética Mundial de la Persuasión y la Manipulación

Si alguna vez te has encontrado en medio de una discusión, probablemente sepas lo difícil que puede ser llegar a una resolución de mutuo acuerdo. A menos que ambas partes estén dispuestas a dejar de lado sus egos y encontrar un terreno común, cualquier tipo de resolución es casi imposible.

¿O no? A veces, resolver con éxito una discusión no consiste necesariamente en encontrar una solución que haga felices a todos. En cambio, se trata de encontrar una solución que no gane necesariamente la discusión, sino que gane la persona. En la persuasión ética, la lógica se utiliza para argumentar una idea, una propuesta o un curso de acción. Estos argumentos son persuasivos cuando se utilizan de forma ética porque apelan a los valores de la otra persona y a las acciones que funcionan en su mejor interés. Por ello, los persuasores éticos anticipan el acuerdo de su objetivo después de escuchar sus argumentos lógicos.

¿Cómo Diferenciar la Manipulación y la Persuasión Ética?

Los manipuladores a menudo le tomarán desprevenido intentando conseguir rápidamente lo que quieren con una falsa urgencia. Quieren convencerle de que haga lo que quieren ahora, inmediatamente. Por otro lado, los persuasores éticos serán pacientes y estarán dispuestos a explicarle las razones lógicas por las que debe seguir su plan. Los persuasores éticos también estarán dispuestos a tomarse todo el tiempo que sea necesario para determinar si su plan es el correcto, para empezar.

Los manipuladores suelen utilizar falsos halagos para conseguir lo que quieren de usted. Te felicitarán para que te sientas bien contigo mismo y sea más probable que estés de acuerdo con ellos. Los persuasores éticos, en cambio, suelen elogiarle por lo que es y por lo que hace.

Los manipuladores suelen hacer falsas promesas para conseguir lo que quieren de usted. Le prometerán algo pero no tendrán intención de cumplirlo. Por otro lado, los persuasores éticos harán promesas positivas y se comprometerán plenamente a cumplirlas.

Los manipuladores suelen lanzar falsas amenazas para conseguir lo que quieren de ti. Le amenazarán con algo que en realidad no va a suceder. Por otro lado, los persuasores éticos sólo le amenazarán si se comprometen plenamente a cumplir esa amenaza.

¿Por Qué Utilizar la Persuasión Ética?

Como todas las formas de comunicación, la persuasión puede utilizarse para bien o para mal. Pero la persuasión ética es una forma poderosa de ayudar a los demás a entender su mensaje y a actuar por el bien social. Puede utilizarse para cambiar los corazones, las mentes y las acciones para mejor.

Por ejemplo, la persuasión ética puede utilizarse para ayudar:

- Educar a otros en temas críticos y crear conversaciones en torno a las soluciones.

- Concienciar, inspirar la acción y crear un cambio social.

- Cambiar las políticas y las leyes.

- Animar a las comunidades a pasar a la acción.

- Acelerar el impacto social.

La Persuasión en el Mundo: ¿Cómo Funciona?

La persuasión ética funciona porque ayuda a los demás a comprender la importancia de un problema y de una solución. Ayuda a las personas a conectar los puntos para entender cómo un problema les afecta personalmente y por qué es importante actuar sobre él.

- Ayuda a los demás a ver la relevancia de un problema y su solución.

- Ayuda a los demás a entender cómo les afecta.

- Ayuda a los demás a sentirse comprometidos con la solución del problema.

Para ello, hay que entender el tema que se promueve y las personas a las que se intenta llegar. Tienes que saber lo que los demás piensan y sienten sobre el tema para poder captar sus emociones y conectar sus corazones con el asunto.

- Hay que entender el tema y por qué es importante.

- Hay que conocer a las personas a las que se quiere llegar y hablarles en un lenguaje que entiendan.

- Hay que entender lo que piensan y sienten los demás sobre el tema.

Es posible ser más persuasivo sin manipular a los demás, pero requiere cierto esfuerzo. Si manipulas a la gente, no puedes esperar que te escuchen o que quieran trabajar contigo. La gente no respetará tus aportaciones o sugerencias si no te interesan de verdad sus opiniones o les haces sentir que están equivocados. Tienes que estar dispuesto a escuchar sus ideas y sugerencias y ser honesto y auténtico. Si estás dispuesto a hacer cambios y a comprometerte, verás que la gente está dispuesta a trabajar contigo y a aceptar tus ideas.

Por suerte, hay formas de conseguirlo. La persuasión ética es una poderosa herramienta para cambiar los corazones, las mentes y las acciones para mejor. Puede utilizarla para concienciar, inspirar acciones y crear un cambio social. Además de cambiar las políticas y las leyes, puede dinamizar las comunidades y acelerar el impacto social. Cuando se hace bien, la persuasión ética puede ser una herramienta inestimable para quienes trabajan por el bien social.

Conclusión

Esta completa guía para principiantes fue escrita para explicar y dar a los lectores información en profundidad sobre las técnicas eficaces para influir en el comportamiento humano y ayudarles a dominar la psicología oscura y la manipulación. Ofrece consejos que pueden ser utilizados por las personas para protegerse de la práctica de la psicología oscura y de la manipulación del gaslighting.

Cada capítulo trata una faceta diferente de estos intrigantes temas. El primer capítulo explica el significado de la persuasión y cuándo y por qué se utiliza. También explica cómo se utiliza la persuasión y cómo afecta a las personas que son persuadidas. El capítulo también explica sus beneficios.

En el segundo capítulo, profundizamos en las técnicas de persuasión y explicamos cómo se utiliza cada método. Las técnicas más comunes incluyen el uso de la fuerza, la creación de una necesidad, la persuasión, la utilización de palabras ilustrativas y los trucos utilizados por los medios de comunicación. Dedicamos el tercer capítulo a las técnicas de manipulación más utilizadas, como el control mental. Explicamos cómo se utiliza el control mental, cómo afecta a los individuos que son persuadidos y los beneficios de utilizar esta técnica.

El capítulo cuatro se centra en la explicación de diferentes técnicas de control mental. Estas técnicas incluyen el lavado de cerebro, la repetición, la hipnosis, el poder, la propaganda, las técnicas de conversión y la persuasión con fuerza de voluntad. El Gaslighting es otra técnica utilizada para manipular a otros, y explicamos el significado de este concepto en el capítulo cinco. Explicamos cómo se lleva a cabo y cómo afecta a los individuos que son persuadidos, así como los beneficios.

En el capítulo seis se describen los rasgos de los gaslighters y cómo los utilizan para manipular a los demás. Estos rasgos incluyen mentir, negarse a admitir los defectos, exagerar, proyectar una imagen falsa, volverse agresivo cuando se le persuade y violar los límites. Los gaslighters también utilizan la coerción, la validación emocional y el control de los demás. También explicamos cómo se utilizan estos rasgos para dañar a los demás.

En el capítulo siete, explicamos los métodos utilizados por los gaslighters para controlar a los demás para que hagan lo que ellos quieren. En el capítulo ocho, discutimos los métodos que puedes tomar para evitar el gaslighting. También cubrimos los efectos del gaslighting y cómo pueden afectar al lector. Proporcionamos los métodos que se pueden utilizar para establecer límites y detener a los gaslighters.

En el capítulo nueve, explicamos los métodos que se pueden utilizar para escapar de la manipulación y la psicología oscura. Las técnicas que puedes utilizar incluyen establecer límites, observar a las personas, contrarrestar las exigencias del gaslighter, saber lo que quieres, decir no, defenderte y replantearte todo lo que te piden.

Por último, explicamos cómo se puede persuadir a la gente sin manipularla. En esta sección se destacan las diferencias entre la manipulación y la persuasión. Proporcionamos detalles sobre las medidas que puede tomar para persuadir a alguien sin traspasar sus límites.

Gracias por comprar y leer/escuchar nuestro libro. Si este libro te ha resultado útil/ayudante, tómate unos minutos y deja una reseña en Amazon.com o Audible.com (si has comprado la versión de audio).

Referencias

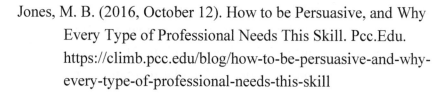

Jones, M. B. (2016, October 12). How to be Persuasive, and Why Every Type of Professional Needs This Skill. Pcc.Edu. https://climb.pcc.edu/blog/how-to-be-persuasive-and-why-every-type-of-professional-needs-this-skill

The Benefits of Effective Influencing Skills. (2011, October 13). Small Business - Chron.Com. https://smallbusiness.chron.com/benefits-effective-influencing-skills-31374.html

Cherry, K. (n.d.). What Is Persuasion? Verywell Mind. https://www.verywellmind.com/what-is-persuasion-2795892

Doyle, A. (n.d.). What Is Persuasion? The Balance Careers. https://www.thebalancecareers.com/persuasive-skills-with-examples-2059694

What Is Persuasion? Definition, Examples, and How It Works. (n.d.). Indeed Career Guide. https://in.indeed.com/career-advice/career-development/what-is-persuasion

McShane, R. (2021, December 14). How Persuasion Skills Can Benefit Your Career. Wharton Online. https://online.wharton.upenn.edu/blog/how-persuasion-skills-can-benefit-your-career/

Persuasion, Attitudes, & Social Cognition. (n.d.). Upenn.Edu.
https://www.asc.upenn.edu/research/centers/social-action-
lab/research/persuasion-attitudes-and-social-cognition

Persuasion and Influence: Definitions, Benefits and Tips. (n.d.).
Indeed Career Guide. https://www.indeed.com/career-
advice/career-development/persuasion-and-influence

Aaftink, M. (2017, September 12). The 10 most common used
persuasion techniques in marketing campaigns. Digital
Movers B.V. https://digitalmovers.nl/the-10-most-common-
used-persuasion-techniques-in-marketing-campaigns/

Methods of Persuasion. (n.d.). Ripon College
https://ripon.edu/methods-of-persuasion/

Cherry, K. (n.d.). A Quick Guide to Becoming a Master of
Persuasion. Verywell Mind.
https://www.verywellmind.com/how-to-become-a-master-
of-persuasion-2795901

6 Types of Persuasion. (2011, August 24). Synonym.Com.
https://classroom.synonym.com/6-types-persuasion-
12004696.html

Medaglia, J. D., Zurn, P., Sinnott-Armstrong, W., & Bassett, D. S.
(2017). Mind control as a guide for the mind. Nature Human
Behaviour, 1(6), 0119. https://doi.org/10.1038/s41562-017-
0119

Sharie Stines, L. (2019, March 15). Understanding Manipulative
Mind Control and What to do About It (Part 1). Psych
Central. https://psychcentral.com/pro/recovery-
expert/2019/03/understanding-manipulative-mind-control-
and-what-to-do-about-it-part-1

Morrow, J. (2011, August 25). A 7-Step Guide to Mind Control: How to Quit Begging and Make People *Want* to Help You. Copyblogger. https://copyblogger.com/mind-control-marketing/

Huang, L., & Yu, R. (2020, July 31). How to (Actually) Change Someone's Mind. Harvard Business Review. https://hbr.org/2020/07/how-to-actually-change-someones-mind

Douglas Fields, R. (n.d.). Mind Reading and Mind Control Technologies Are Coming. Scientific American Blog Network https://blogs.scientificamerican.com/observations/mind-reading-and-mind-control-technologies-are-coming/

J. K. Ellis, D. J. (2011). Mind Control 101 - How to Influence the Thoughts and Actions of Others Without Them Knowing Or Caring. Lulu.com.

Mind Control. (n.d.). Changingminds.Org http://changingminds.org/techniques/mind_control/mind_co ntrol.htm

Mind Control Techniques To Be Aware Of. (n.d.). Psychologia.Co https://psychologia.co/mind-control-techniques/

Layton, J., & Hoyt, A. (2006, May 10). How Brainwashing Works. HowStuffWorks. https://science.howstuffworks.com/life/inside-the-mind/human-brain/brainwashing.htm

Is Total Mind Control Possible? (n.d.). Psychology Today
https://www.psychologytoday.com/us/blog/hypnosis-the-
power-trance/201509/is-total-mind-control-possible

Lim, S. (2019, January 2). Hypnosis: Mind Control?
Linkedin.Com; LinkedIn.
https://www.linkedin.com/pulse/hypnosis-mind-control-
sylvester-lim

7 signs of gaslighting at the workplace. (n.d.). Psychology Today.
https://www.psychologytoday.com/us/blog/communication-
success/202007/7-signs-gaslighting-the-workplace

Are gaslighters aware of what they do? (n.d.). Psychology Today.
https://www.psychologytoday.com/us/blog/here-there-and-
everywhere/201701/are-gaslighters-aware-what-they-do

Conrad, M. (2021, June 22). What is gaslighting? Meaning,
examples and support. Forbes.
https://www.forbes.com/health/mind/what-is-gaslighting/

DiGiulio, S. (2018, July 13). What is gaslighting? And how do you
know if it's happening to you? NBC News.
https://www.nbcnews.com/better/health/what-gaslighting-
how-do-you-know-if-it-s-happening-ncna890866

Gordon, S. (2017, August 1). What Is Gaslighting? Verywell Mind.
https://www.verywellmind.com/is-someone-gaslighting-
you-4147470

Hoare, K. (2021, September 6). What is media gaslighting?
Happiful Magazine. https://happiful.com/what-is-media-
gaslighting/

Holland, B. (2021, September 2). For those who experience gaslighting, the widespread misuse of the word is damaging. Well+Good. https://www.wellandgood.com/misuse-gaslighting/

How gaslighting in marketing will damage your business. (n.d.). Bragg Media Marketing https://braggmedia.com/gaslighting-in-marketing/

Huizen, J. (2022, July 14). What is gaslighting? Medicalnewstoday.com. https://www.medicalnewstoday.com/articles/gaslighting

Lindsay, J. (2018, April 5). What is gaslighting? The meaning and origin of the term explained. Metro.co.uk. https://metro.co.uk/2018/04/05/what-is-gaslighting-7443188/

Morris, S. Y., & Raypole, C. (2021, November 24). Gaslighting: Signs and tips for seeking help. Healthline. https://www.healthline.com/health/gaslighting

Nall, R., MSN, & CRNA. (2020, June 29). Gaslighting: What it is, long-term effects, and what to do. Medicalnewstoday.com. https://www.medicalnewstoday.com/articles/long-term-effects-of-gaslighting

Printed by BoD™in Norderstedt, Germany